U0718322

创意乡村

创意如何引导乡村保持健康、
绿色、生态和生机勃勃

何建超 著

人民日报出版社

谨以本书献给

我的父亲何国治（1934–2015）
和在土地上辛勤耕耘的人们

千百年来,乡土社会孕育的这种感觉,就是一个"土"字,"土"是生命之源,是文化再造和复兴的基础。

———— 费孝通

中国文化的根在农村。

———— 梁漱溟

目录
CONTENTS

序言

第一章　乡村之美

1. 乡村是永远的脐带　　　　　　　　01
2. 乡愁的文化历程　　　　　　　　　15

第二章　变化了的传统元素

1. 乡村文化　　　　　　　　　　　　25
2. 乡村遗产　　　　　　　　　　　　35
3. 小院人生　　　　　　　　　　　　39
4. 拴马桩　　　　　　　　　　　　　53
5. 阡陌交错　　　　　　　　　　　　59
6. 公共空间　　　　　　　　　　　　63
7. 乡关何处　　　　　　　　　　　　73

第三章　乡愁经济学

1. 乡土成了时尚　　　　　　　　　　77
2. 旅游的乡土性　　　　　　　　　　81
3. "去城市化"的理论核心　　　　　　85

4. 乡村景观是乡愁的重要元素   91

5. 乡村博物馆的发展脉络   95

6. 乡愁经济学   103

7. 超越城市时代   109

第四章 继承与创新

1. 建筑本是人生   115

2. 失乐园，欢欣鼓舞？   119

3. "乱心"：工业崇拜   125

4. 如果不盲目模仿   131

5. 继承与创新   137

6. 建筑的冒险   145

第五章 创意改变乡村

1. 互联网时代的创意经济   151

2. 谁在颠覆传统农业   155

3. 第三种生活   159

4. 资本瞄上农业   163

5. 什么是乡村创意   167

6. 创意农业的运作方式   177

7. 乡村创意要坚持"六美"   189

8. 土特产也需要创意   191

9. 文化和艺术可以拯救乡村吗？   195

10. 培养乡村创意人才   197

第六章   乡村创意实践

1. 乡愁的冲动   207

2. 一所属于乡村的房子   215

后记   221

序言

让创意茁壮于乡村

马清运

这是一本研究文化创造力和乡村状态如何结合的著作。

本书作者少年时代在乡村生活，非常熟悉乡村生活，同时又长期从事文化遗产保护及文化产业的实践工作，在工作中积累了大量素材和感悟，因此他对乡村的理解有深度，有跨度。

这本书融合了多学科知识，包括乡村文化遗产保护、乡村建筑设计、文化创意和互联网创意，书中没有太多的理论说教，关注的问题也是当代中国乡村的热点问题。比如乡愁和美丽乡村建设。这是当代中国热议话题之一，也是中国城市经历周期性快速发展之后的必然现象。美丽乡村除了环境之美以外，还有风尚之美、人文之美、产业之美。这些都是中国在城镇化建设过程中需要深入思考的难题。还有乡村建筑的地域性、文化性以及传承与创新问题。中国乡村建筑经历了无序发展、盲目克隆的过程,以至于逐渐丧失其传统性和地域性特征。这是一种不良倾向,需要引起地方政府和建筑师的重视。未来中国乡村建筑必然要走上和中国文化传统结合的道路,形成具有中国特色的乡村建筑,留给子孙后代们一个属于我们的乡土性和现代性结合的建筑,而不是西方乡村建筑的克隆或者是水泥垃圾。再比如乡村文化遗产继承与创新问题。乡村之美在于她的淳朴与自然、静谧与恬淡,以及独特的风土人情和她对人们绿色生活的奉献,文化遗产是乡村之所以为乡村的一个重要先决条件,中国的传统村落正在经历着前所未有的变革和挑战,发展乡村旅游和保护乡村遗产的矛盾也越来越突出,如何平衡这二者的矛盾目前还处在探索尝试阶段。这本书真正的意义是它把握了时代特征,文化创意业是当今城市最时髦的话题。狭义的文化创意指文化和艺术,广义的包括各种创新和探索。在全球化时代,无论是纽约还是伦敦、杜塞尔多夫还是班加罗尔,文化创意正在开创性地发展和改变着城市面貌。作者虽然以乡村为研究对象,但是他的视野却是开阔的,他的创新之处在于将最时髦的文化创意和乡村进行了比较融合,文化创意虽然不能彻底改变乡村，但会推动中国乡村寻求新的发展机会。

我长期从事建筑教学、研究和创作，并且一直在故乡——陕西蓝田县进行乡村实验，建设了"父亲的宅"和红酒庄园，也受到国内外同行及媒体关注。我希望以建造过程探索传统文化的智慧，并传递对故乡的热爱和思念，也算是乡愁的建筑载体吧。后来又先后主创了西安广电中心、灞柳驿酒店的规划设计，田园城市规划设计和渭南市高新区城改项目的规划设计，在这些项目合作过程中对中国城市和乡村有了更深刻的认识，无论是城市还是乡村，建筑在经历了巨量创新和发展之后，开始进入和传统如何融合的新时期。这对建筑师来说是挑战，更是机遇。

我曾近距离接触过美国和欧洲的许多农村，农村现代化程度和城市几乎没有太多差距，住房大都是传统民居，道路、水电、卫生等各项基础设施完善，非常干净，流经村庄的小溪也特别清澈，空气更是非常清新。每次看到此景，我就很期待中国的乡村，包括我的故乡——唐代诗人王维曾经隐居的地方，在新型城镇化建设热潮中保留山水情怀、道德文章。

是为序。

2015年3月2日于洛杉矶

（作者系美国南加州大学建筑学院院长）

创意如何引导乡村保持健康、绿色、生态和生机勃勃

第一章　乡村之美

1. 乡村是永远的脐带

梁漱溟先生认为："中国文化的根在农村。""粝粢之食，藜藿之羹"养育着一个大家庭；日出而作、日落而息是生活轨迹；石凳纳凉、蒲扇驱蚊、夜色捉蝉是顽童的嬉戏；炊烟袅袅、货郎过村、卦师卜签、瓜地午酣、下河摸鱼、挥汗收割、烈日晾晒……这些场景构成丰富多彩的童年生活，让人梦回故乡。

我的家乡在关中平原渭河北岸，这里属黄土高原的过渡地带，南低北高，风景粗砺。关中平原素有"田肥美，民殷富"（《战国策·秦策一》）美誉。塬叫奉正塬，属于地堑式构造平原。往北一路逶迤而上，过了铜川、黄陵，再继续北上就抵达延安，进入典型的黄土高原地区。黄土高原沟壑纵横、满目荒夷，风物建筑均不同于平原地带。生活在渭北平原一带的先民们很早就掌握了黄土的特性——黏性、直立性。家家户户依着土塬畔开凿窑洞，小户人家一般有一孔、两孔窑洞；大户人家有三孔、四孔甚至更多。历史建筑学家将这种建筑称为"穴居式"民居。据说这种民居历史可以追溯到四千多年前。还有的人家为扩大面积，在窑门外向外扩建，盖上厦子房，围合成别致温馨的小院。窑洞历经风雨侵蚀、人为破坏后容易崩塌。为防止崩塌，有钱人家就在窑洞内框外加砌砖券、石券保护崖面；没钱人家就用黄土搅合着麦草上浆裹抹窑脸。这种材料黏性强，即使刮风下雨也不用担心脱落。奉正塬的窑洞大都有着漂亮的窑脸——原木平开式门，以松木、桦木、杨木居多，经久耐用，不变形。小时候玻璃稀罕，老人们舍不得用胶水，但要装饰窗户，这难不倒聪明的先人，他们就用面粉熬成浆糊，用麻纸糊到窗户格栅上，遮风避光、疏朗有致，逢年过节给窗户贴上窗花，红红绿绿煞是好看。材料虽然很寻常，但点缀着农家小院的亮色和喜悦。窗外窑脸上挂着火红的辣椒、金黄的玉米串子、白亮亮的大蒜……一切都显得自然天成、和谐有致。窑洞就地取材，冬暖夏凉。寒冬腊月，外面大雪纷纷，躺在热炕上瞅着外面扑簌簌落下一寸厚的雪，雪地上留下麻雀鸿爪点点，枣树嶙峋兀然伸向天空，枝丫横斜满是雪柱，雪色反射着寂静的清晨，就是再优秀的画家也未必能画尽窑洞人家的春夏秋冬。当然，窑洞也有缺点，比如日照不够、通风差、雨季潮湿。这时候，住在几辈祖传的窑洞里听到偶尔簌簌落下的黄土，心中难免会有几分忐忑。

尽管如此，窑洞仍然是我童年最有趣的记忆。

树大分枝，家大分业。后来，我父亲在老屋对面盖了新房，就搬出了窑洞。新房子属砖木、土坯混合，主体山墙属夯土结构，院子围墙也是夯土结构。那时候没有建筑队，盖房子全靠乡党亲戚帮忙。房子看似简单，其实技术含量蛮高，山墙是夯土夯筑，一般是做好墙脚后用木模具箍住两侧，在中间填入一定湿度的泥土，然后夯实，一层一层直到需要的高度。不要小瞧这土墙，结实着呢。祖辈们充分掌握了黄土的黏性特征，筑的夯土墙坚实耐用，四十年的风风雨雨过去了，山墙虽然有些垮塌，但主体依然屹立不倒，真是结实！厦子房青砖墁地，青砖包门楦、窗楦，青砖砌排水。屋脊属举架式房梁，松木檩经过浸泡后经年不腐，两边是两间半边盖的"厦子房"，在入户门楼和后院衔接处用石棉瓦搭出滴水檐，后墙高约3米，檐墙高约6米，远观舒缓平和，不似南方住宅的山墙陡峭峻拔，概北方雨水少之因。秋季阴雨连绵，雨水从屋檐向院内哗啦哗啦流个不停，这种住宅布局俗称"四水归堂"。院内排水俗称"水堵"，积水经"水堵"流出，排入门外小渠，最后汇入渭河。雨下久了人就心烦，母亲担心着场院里的麦穗，就在庭院竖个棒槌，祈祷老天爷开眼，早日放晴。"水堵"容易堵塞，于是一家老小冒雨排水的事情时有发生。门是松木门，刷着桐油黑漆，几十年不掉色。门轴是用渭北出产的青石凿做而成，和门墩辅佐，在匠人巧做之下也不需要门轴油来润滑，多年也不会嘎吱嘎吱作响。院庭植一株泡桐，用砖垒围合着，泡桐窜得快，三五年就高过屋顶，连根茎也挣裂地面努力展露着生命力。春天微风徐徐，落花满庭，让人独享"孤桐北窗外，高枝百尺余。叶生既婀娜，叶落更扶疏"（《游东堂咏桐》，南朝谢朓）的韵味。夏，午后，蝉放开嗓子鼓噪不歇，但也无法打断农人翘脚酣眠。

一株梧桐伴我度过童年时光。

村里主干道也是窄窄的，路上驶过马车、驾子车、自行车和拖拉机。偶尔来了一辆乡上干部的吉普车，尘土嚣张。乡下人对干部有天然的畏惧感，远远瞧着。孩子们则什么也不顾，在尘土里撒欢追吉普车……夏夜，乡亲们把躺椅、凉席搬到门口，摇着大蒲扇，天南海北瞎聊，月如钩、星依稀，不时有流星划过夜空。躺在凉席上仰望苍穹，大人们煞有介事地对儿子显摆："儿子，那个像瓢把的就是北斗星！"还有一些伙伴蹑手蹑脚地在渠边杨树上摸知了……

乡村寂静如斯。梭罗的《瓦尔登湖》则要比这更安静，更远离尘世。徐迟先生感慨："《瓦尔登湖》是一本静静的书，一本寂寞的书，一本孤独的书，是一本寂寞、恬静、智慧的书。"在距离康科德两公里的瓦尔登湖畔，梭罗独自一人生活了两年。"来到这片树林是因为想过一种经过省察的生活，去面对人生最本质的问题。"梭罗在湖畔建造了一座木屋，一个人种豆、筑屋、焙制面包、渔猎。"晨昏照耀下的树林和季节变幻间的乡村和田野，水天一色下翩飞的鸥鸟和树丛里惊恐逃走的小兽"，这些是大自然的恩赐，上天的眷顾让梭罗独享了。如今，乡村正在被城市引导和影响着，农民们都定不下心了，遑论城市？人们都想逃离喧嚣，对"从哪里来，到哪里去"的追问也从来就没有停止过。这是个哲学问题，高楼大厦红尘万丈不是休憩的佳境，乡郊野外自然成了精神疗养院，于是乡村旅游越来越红火。

2013年岁末，姑姑、姑父从美国回来探亲。他们自小长在关中农村，晚上闲聊，由近期的雾霾天气说到环境变化。姑父回忆，小时候，村子里山清水秀，他十七岁时就在生产队挣工分，一大清早背上干粮，从陕西眉县红河谷进山去伐木，单趟要走三十公里山路，硬是靠着肩膀把一根根松木扛出大山，但那时候大伙都不觉得苦，也不觉得寂寞，一根檩扛出大山就可以换来五个工分。现代人无法设想三十公里山路需要多大的勇气和体力。那时候，人人热血沸腾地要与命运抗争、与生活较劲。临别时，我送了姑父一幅画作为礼物。这幅画中山林郁郁葱葱，火红的柿子树下瓦房片片，浓墨淡写之间浸透着淡淡的乡愁。这何尝不是乡土中国的写照呢？一个人无论走得多远，事情干得多大，对乡村的记忆却永远不会忘记。这种记忆早就定格在朝岚夕晖中、袅袅炊烟里，云雀、斑鸠、野兔、金黄的油菜、香甜的玉米、灌木丛、林地、沼泽池塘、绚烂的景色和清新的空气，组合成"土地平旷，屋舍俨然，阡陌交通，鸡犬相闻"之美，有喜悦、有烦恼、有生死交替，万物轮回。

概括而言，乡村具有以下特征：

一是质朴自然。雨打街巷、孩童滚铁环、货郎叫卖、杀猪宰羊、玉米飘香、麦浪翻滚……随着城镇化步伐加快，这些昔日寻常风景慢慢隐去，现代农业改变了传统的耕作方式，人定胜天让乡村异化成了城市的附庸品和支撑城市运转的供应商，传统的乡村生活和传统习俗正遭受以城市为主导的新文化的冲击。在这种冲击下，新的文化没有构建起来，传统的又很快被抛弃，乡村越来越趋于功利。就像有人说："因为失去所以怀念、因为离开所以留恋。"于是，人们开始怀念那些简单质朴的日子。

二是风景优静。乡村之美在于不事雕琢，生态自然。宋人邵康节笔下的山村是如此简单："一去二三里，烟村四五家。亭台六七座，八九十枝花。"寥寥几句就把乡村的动、静、远、近勾勒得惟妙惟肖。唐代诗人孟浩然的乡村诗更是大白话："故人具鸡黍，邀我至田家。绿树村边合，青山郭外斜。开轩面场圃，把酒话桑麻。待到重阳日，还来就菊花。"这是一幅多么惬意的走亲访友图景！陶渊明从"动"中寻找到乡村的"静"："狗吠深巷中，鸡鸣桑树巅。"作者没有直接写乡村的静谧，而是采用对比手法，写了狗吠、鸡鸣，以动衬静，让寻常风景变得诗情画意。在中国古典诗词中，田园诗歌占据很重要位置，可见对恬淡、朴素的追求是人之秉性。1962年，美国海洋生物学家、现代环境保护先驱蕾切尔·卡森遵循着真理，以超凡的个人勇气对破坏乡村环境的工业利益集团提出挑战，她顶着各方压力出版了《寂静的春天》，警示科技文明导致乡村生态失衡，最终会毁掉发展成果。她笔

第一章 乡村之美 | 07

收获　　　　　　　　　　　　　　　　　　　张信立 摄

How Culture & Creativity Drive The Country

油菜花开

下的乡村有着生命的张力:"布谷的鸣唱,迷人的云雀,环绕的河流,时间缓慢得几乎停止了流动,只有那些植物的生命悄无声息地指向繁荣、死亡和轮回。"我国同样经历了从乡村走向城市、从小农经济走向工业化大生产的历史过程。工业对乡村侵蚀与日俱增,先前大自然保持着较强修复能力,一个夜晚过去,一场暴雨洗礼,一次夏收秋种,乡村依然如故。但现在大不一样,环境污染远比20世纪60年代卡森笔下的美国严峻得多,保护生态环境成为当务之急。这说明"人与自然之间,不仅是依存和攫取等功用性关系,还存在着经过时间建立起来的文化联系,生活在特定环境中的人们,以自身千百年绵延的文化理念及行为同当地环境达成一致,当这种文化关联被外来文化冲击直至断裂时,生态环境恶化和本土文化的存在危机都将是难以避免的"[①]。

三是关系质朴简单。刘姥姥初进大观园,眼见拥香偎翠、珍馐佳肴和奇珍异宝,惊诧万分:"我们村庄上种地种菜,每年每日,春夏秋冬,风里雨里,那里有个坐着的空儿。"刘姥姥这句大实话暗示着简单的乡村关系。正是这种"没有坐的空儿"维持着乡村日出而作、日落而息,周而复始运转。乡村组织结构以家庭为单位,以家族和姻亲为血缘纽带,宅院也大多是代代相传的,子孙们在此繁衍生息。不管谁家婚丧嫁娶、盖房收种,乡亲们都会争先恐后地帮忙,他们在这种寻常生活中积累了共同的价值观和生

---

① 刘源:《文化生存与生态保护——以长江源头唐乡为例》,《乡村文化与新农村建设》,李小云等著,社会科学文献出版社,2008年1月版。

活态度。

四是建筑传承文脉。民居是构成乡村景观的主要元素。民居的审美取决于一个国家的文明发展程度及整体的国民素质,民居不同于城市建筑,城市是政治家实现抱负的舞台,是建筑师施展才华的天堂,城市建筑地域性相对较弱。民居体现地域、风俗习尚、邻里和天地自然的关系,因此,民居是乡村精神世界的外在表现,是宗族、规矩和家庭修养的重要组成部分,体现了主人的人生观、世界观和生活态度。民居也是村落的基本单元,广义的民居还包括牲畜棚圈、仓库场院、道路、水渠、祠堂、牌坊以及特定环境下的附属设施。20世纪80年代以来,随着城市向郊区蔓延,大量农田被开发,出现了城中村。城中村是中国城市化的产物,充其量是方砖垒起来的盒子,仅能满足居住的基本需求,并不具备建筑价值和审美价值。现在的一些城中村几乎已经成为城市中藏污纳垢的主要区域了。

五是习俗保留较好。"一村一风俗,十里不同天。"不同的乡村,生活、生产方式,风俗习惯各不相同,这些不同构成丰富多元的乡村文化。在漫长的历史演进过程中,乡村曾长期处于主导地位,城市只是作为政治和商业中心并行于乡村,在城里工作的政府人员大部分出身于乡村,骨子里流淌着乡村血液。乡土中国时期,乡村文化是主流文化,世俗、有生命张力,更能代表中国传统文化。"近代以来,中国进入城市扩张、乡村收缩的特殊时期,乡村逐渐被边缘化,对乡村的理解也是建立在强势文化基础上,重农业轻农民,重城市文化轻乡村文化,许多乡村习俗被不加筛选地当成糟粕一股脑扔掉。"乡村习俗包括礼仪,礼仪是维系乡村结构平衡的重要纽带,礼仪的价值在于通过祖先传下来的一套庄重仪式,让人获得精神价值体验,就像西方社会是通过宗教让人得到灵魂安宁一样。随着乡村物质条件的改善,农民眼界开阔了,审美意识也变了,也逐渐意识到习俗是维系家园生活和情感的重要纽带,于是一些经过自然筛选后保留下来的习俗出现了复苏迹象。这是否是乡村文化复兴的信号?"新的信仰和旧的神明复兴是在提醒区域文化存在的文化整体性，因为现代物质社会的功利需求不是唯一的，而心理与精神需求将在急剧的社会变迁过程中经过整合而重新显现。"[1]文化是继承和扬弃的过程，这或许是乡村社会理性选择后的文化的进步，乡村复苏只有从传统文化中汲取养分，才能从旧文化走向新文化。

---

[1] 庄孔韶：《可以找到第三种生机与生活方式吗？》，《乡村文化与新农村建设》，李小云等著，社会科学文献出版社，2008年1月版。

创意改变乡村

How Culture & Creativity Drive The Country

2. 乡愁的文化历程

乡愁是一种情愫，更是一种文化表达，从古至今，横亘千年，历久弥坚。

乡愁作为"人类一种难以捕捉的情愫"、无法解开的情结和回家的冲动，是中国诗歌中的永恒话题。"文章合为时而著，歌诗合为事而作。"研究乡愁诗就是回望中华民族的苦难辉煌历史，这历史就是一幅重土轻迁、"父母在，不远游"的浓情画卷；是故园家国的情怀，风物长宜的胸襟；是乡土、乡音和乡味的牵挂。

有学者认为中国最早表现"乡愁"情愫的古诗歌应当上溯到《诗经》，《小雅·采薇》就有"昔我往矣，杨柳依依。今我来思，雨雪霏霏。行道迟迟，载渴载饥。我心伤悲，莫知我哀"。这是用"乡愁"来激励在前方作战的将士奋勇杀敌、衣锦还乡。汉乐府《木兰辞》中的乡愁意味更浓烈，木兰女扮男装替父从军，但不爱封赏爱家乡："可汗问所欲，木兰不用尚书郎，愿驰千里足，送儿还故乡。"木兰希望的是"对镜贴花黄"。这，就是中国人早期朴素的乡愁观。

上古时期，乡愁诗歌主要表现对家乡、父母及兄弟姊妹的眷念，这是农耕时代人们情感的主要寄托和表达方式。王云涛先生在论文《唐以前乡愁诗的情感内涵》中认为："到了汉代，乡愁诗多写游仕求学中的的相思，文人多为求学求仕而远离家乡，自然会产生浓烈的思乡之情。如王粲《登楼赋》：'虽信美而非吾土兮，曾何足以少留。'"建安时期，社会动荡，文人内心深处济世安民的思想和建功立业的豪情被唤醒，折射到诗歌中便是反映社会动荡、有家不能归或无家可归的主题。魏晋南北朝时期，乡愁诗则将个人情感与时代命运相结合，主要表现游宦羁旅和边塞征人的离乡别情。

唐朝是一个伟大的时代，是当时世界上的超级大国。王维描述长安城的繁盛："九天闻阁开宫殿，万国衣冠拜冕旒。"乡愁诗的宽度、广度增加，思想内涵更加深刻。李白、杜甫、王维、李商隐、杜牧、王昌龄、白居易等著名诗人都创作了大量乡愁诗，题材涵盖了羁旅之情、边塞感悟、仕途磨难、友朋之情等领域，无论从写作技法还是思想内涵上都达到诗歌巅峰，让后世难以超越。这些乡愁诗中，又以李白的《静夜思》冠盖群雄："床前明月光，疑是地上霜。举头望明月，低头思故乡。"借景言志，直抒胸臆，乡情浓郁，无与争锋。

"文章合为时而著"，诗歌是国家命运和个人生活的写照。"安史之乱"后，唐帝国不可避免地走向衰落，乡愁诗表达的主体转向家国命运和个人情感、人生际遇的交织，更多反映社会现状和国民心态。

宋朝初期，汲取唐末地方军阀藩镇割据的教训，尚文轻武，国家迎来经济、文化、科技、教育的全面繁盛时期，传统经学让位于理学。有学者认为这时候的乡愁诗虽延续唐以来的个人与国家命运交织，商贾羁旅和宦海沉浮后对故乡的眷念，但已经无法与唐诗创造的高峰相比肩了。

公元1276年，元军攻陷宋都临安（今浙江杭州），俘虏宋恭帝及谢太后。公元1279年，元军南下，最后在福建崖山与残余的南宋军队进行了殊死激战，陆秀夫抱着8岁的宋幼主赵昺投海自尽。这一历史事件标志着南宋的终结。元遂统一中国。连年战乱导致大量中原士庶南迁，中原文明随之向南方辐射转移。乡愁诗最早诞生于黄河流域，但元代之后因士族文明南下而风景黯然。"枯藤老树昏鸦，小桥流水人家，古道西风瘦马。夕阳西下，断肠人在天涯。"散曲家马致远的《天净沙·秋思》虽是一幅羁旅荒郊图，但真正表达的却是亡国之痛、乡愁之苦。"不着一字，尽得风流。"从而成为元代乡愁诗的代表作。

清，摇着扇子的风流文人亦不少。

著名词人纳兰性德出身官宦家庭，他感情细腻，创作的"纳兰词"在文学史上具有典型意义。像《采桑子·九日》就表现羁旅乡愁："深秋绝塞谁相忆，木叶萧萧。乡路迢迢。六曲屏山和梦遥。 佳时倍惜风光别，不为登高。只觉魂销。南雁归时更寂寥。"1840年，鸦片战争爆发。列强入侵，

生命的力量

How Culture & Creativity Drive The Country

国家动荡,民族陷于危亡时刻。19世纪末,中日甲午战争失败,民族危机上升为国家主要矛盾。"中学为体,西学为用"的思想深入人心,仁人志士纷纷探索图存救亡的道路。民国终结了清王朝,中国进入半殖民地半封建社会,这时的乡愁主要表现爱国情怀和个人在历史洪流中的角色扮演,而儿女情长、故土难舍的小家情怀都让位于祖国情感。正如林觉民在《与妻书》中泣血写下"亦以天下人为念,当亦乐牺牲吾身与汝身之福利,为天下人谋永福也。汝其勿悲!"那样,舍身救国是仁人志士的理想。近年来,民国题材的影视剧热播,或许是现代人对"仁者爱人""天下兴亡,匹夫有责"的民族大乡愁的反思与追问。

"文革"结束后,经济开始复苏,乡土中国向城市中国迈进,乡愁逐渐淹没在喧嚣的市场浪潮中。1971年,台湾诗人余光中的现代诗《乡愁》问世。不承想,一首小小的乡愁诗却激起千层浪花。"小时候,/乡愁是一枚小小的邮票,/我在这头,/母亲在那头……"这首诗将个人际遇和民族感情融为一体,一咏三叹,句句剜心,一经发表就引起共鸣,从而成为现代乡愁诗划时代的作品。此外,席慕蓉、北岛、顾城、海子、舒婷等诗人也都创作了大量脍炙人口的乡愁诗,余光中的《乡愁》则成为20世纪80年代中后期两岸人民渴望和平统一的文化符号。海峡两岸同宗同源,无论是故乡人还是异乡人都开始重新审视历史，上一代人的悲剧需要这一代人来承担面对。在这种意义上，乡愁就不仅是乡音乡味、青砖黛瓦和阡陌桑田，而是国家兴盛、民族团结和民主富强。

因此，中华民族的历史就是一部充溢着乡愁的历史，乡关何处的追问从秦时明月到汉时雄关，无论是"千里江陵一日还"的喜悦，还是"近乡情更怯"的忐忑，都表达了游子对故乡的情感。从颠沛流离的民国往事到狂飙突进的城市中国，故乡总是魂牵梦绕，让游子夜不能寐，挥毫抒写对故乡的眷恋。德国浪漫派诗人诺瓦利斯说："哲学是一种乡愁，是一种在任何地方都想要回家的冲动。"中国人的乡愁是一脉相承的，重土轻迁，"父母在，不远游"，传统的儒家思想影响着每个中国人。因此，乡土中国的乡愁始终都流露着东方人文化哲学的思考，"若为化得身千亿，散上峰头望故乡""岁时销旅貌，风景触乡愁""故乡今夜思千里，愁鬓明朝又一年""日暮乡关何处是，烟波江上使人愁"……这些脍炙人口的诗词歌赋表达了中国人的乡愁观，穿越时空，感动今人。

乡愁作为一种情感表达方式，具有时代烙印。有学者认为："如果说传统意义的乡愁所指向的多是有限的乡村场景、人物和故事的话，现代意义上的文化乡愁所指的则是一种具有人文意味、历史情怀的文化象征。"农耕时代信息不畅，交通不便，人们颠沛流离，"黄鹤一去不复返"，"少小离家老大回"是人生常态，而现代人类社会进入科技超速发展时期，有人称之为"最好的时代"，城市化让人和故乡变得越来越模糊。在经历了改革开放以来经济高速发展后，许多社会问题显露出来，乡愁不仅是文化反嚼，更是对无法解决的社会问题的反思追问，只是以乡愁这种形式表达出来，如邹广文先生所说："乡愁是我们在生活标准化、理性化，文化个性消弭的今天，对现代性实践流动性、多变性、快速化的抗拒和对多元、个性化生活的憧憬。"① 在中国社会经济结构进入市场化阶段进程中,传统乡村结构、宗族关系解体,但是新的乡村关系却没有建立起来,大量农民身份转化为农民工,随着城市的持续扩张而将乡愁传递到角角落落,于是人们开始怀念过去。当然,怀念不是要恢复到以前的穷苦生活,而是对由于经济发展引发的诸多社会问题的反思。

一旦这种乡愁成为普遍心态,自然会引起决策层的重视。

2013年12月12日,中央城镇化工作会议在北京举行。会议提出要提高城镇建设水平,指出:"城镇建设要实事求是确定城市定位,科学规划和务实行动,避免走弯路;要体现尊重自然、顺应自然、天人合一的理念,依托现有山水脉络等独特风光,让城市融入大自然,让居民望得见山、看得见水、记得住乡愁。"乡愁本来是一个文化哲学概念,是人的情愫的表达,乡愁首次以中央文件的形式给予高度肯定,说明中国式的文化哲学始终在牵引着中国

---

① 邹广文:《乡愁的文化表达》,《光明日报》,2014年2月13日。

人的神经,留住乡愁、留存田园成为中国人的共同追求,一经文件形式发布,必然引发社会各阶层的共鸣。

再回顾一下改革开放以来的得与失。

资料显示:"30多年间,我国城镇化率从1980年的19.4%增加到2011年的51.27%,城镇人口首次超过农村人口。而这'拐点'背后,一些大城市痼疾缠身、风貌消失、交通梗阻、食品垃圾化,社会矛盾显性化在'蚁族'、房奴、车奴、口罩族的背后,'宜居'似乎近在眼前又似乎渐行渐远。"[①]最新出版的《国际城市发展报告(2013)》指出,全球人口日益集聚到城市,至2050年预计平均每个城市居民每年花在交通拥堵上的时间将达到106小时。城市这个巨大的"容器"越来越让人觉得糟糕。城市化的核心是"人"的问题,但是经过城市的快速扩张,这个问题并没有得到有效解决,人人似乎都想发泄不满情绪。转型期的社会问题怎么解决?高楼大厦、电梯洋房是方便了、舒适了,但并没有带来精神上的安慰,人反而更孤独、更迷茫了,人和人之间距离更加疏远了。为什么会出现这些问题?其中一个很重要原因在于传统文化的凝聚力、辐射力消弱了,礼崩乐坏了,信仰缺失了,人在社会转型中迷失了自我。"不是我不明白,只是这世界变化太快。"当人们告别乡村生活,尚未学会适应城市生活时,城市生活已经普及化了。乡村何去何从?乡愁何处承载?当静下心来,撕开眼前的迷雾与屏障后就会豁然开朗,原来"乡愁"就是倡导人回归朴素,回归自然,遏制贪欲,不要过度戕害自然,不要一味攫取土地资源,要实现天地人的和谐相处,这才是乡愁的真谛。"风景触乡愁",触动的更是我们对以往行为的反思和对未来的守望,回归不是开历史倒车,恢复到以前的农耕时代,而是文化上的寻根认祖。亨廷顿在《文明的冲突》一书中认为:"随着全球化的到来,国与国的冲突不再是武力,也不是经济,而是文化。"在经济发展到一定阶段,任何一个国家都会出现文明回归与再选择,这是国家、民族寻求身份认同,以区别于其他国家、其他民族的必然选择。乡村文化同样。原来乡亲们聊天会问:

[①] 张海林:《2013城镇化升级:基层官员到北京打听中央政策》,新华社,2013年2月25日。

"哪儿的人？哪个村的？""哪儿的人？哪个村的？"实际就是身份界别，包含不同思维方式和文化甄别，乡愁就诞生于这种思维和甄别之上，是现代人寻找文化认同的心理需求，是社会进步的新起点、新阶段，是走过许多弯路后寻找到的一条正确途径，并借此来弥补人类过失，实现物质和精神的均衡发展。

甪直古镇，桥斜水静流

第二章 变化了的传统元素

1. 乡村文化

　　文化是人类社会历史生活中的精神创造活动及其结果。文化具有地域性特征，因此地域性就构成乡村文化的重要特征之一。据统计：2000年，我国有360万个自然村，到2010年自然村减少到270万个，10年时间内有90万个村子合理或不合理地消失了，其中也包括一些具有传统风格的古村落。从20世纪80年代中后期开始，大部分农村出现"空心化"，田野荒芜、住房闲置，撤村并校比较普遍。乡村的消失意味着给城市提供支持的源头枯竭，也意味着乡村文化的消亡。在我看来，乡村变迁主要表现在以下几个方面：

　　（1）传统文化断裂

　　农村是传统思想和观念最后的一片自留地，但随着城镇化步伐加快，人们的生活方式发生转变，城市文化以压倒一切的优势覆压着乡村文化。同时，信息传播渠道多元化，而且越来越复杂，传统文化消失速度加快，而新的文化体系还没有建立起来，导致农村普遍出现信仰缺失和道德滑坡等现象，尤其是年轻一代，虽然有一定文化基础，但缺乏正确的价值观、人生观，对大多数社会问题迷茫甚至困惑，负面文化对传统的侵袭导致一切以金钱为衡量标准，村民按照各自的现实利益矫正自己的处理问题策略，很少再顾忌他人怎么看，更不会在意是否符合乡村道德规范。起初是以宗族大姓为基础繁衍而成村落，进而形成文化，村民之间休戚与共，是这些乡村的隐形力量维系着村落关系、家庭结构和邻里关系，现在逐渐被利益关系取代，村民思想开始分化，邻里之间交往减少，一些年轻人在城市置业安家后不愿再回到农村，偶尔回乡下也只是看看老房子，安排田地租赁事宜，逢年过节回老家，无外乎族里人相互串串门，简单聊聊就各忙各的，以血缘关系和宗族文化为纽带的乡村文化结构逐渐解体。

（2）耕作方式变化

传统的农业生产是日出而作，日落而息，辛苦不已。现在大多是机械化作业，拖拉机、三轮车、收割机、播种机、除草机一应俱全，除草剂、杀虫剂、碳铵、尿素、膨大剂、催熟剂等化肥农药广泛使用，原来一亩地需要三五人共同耕作，现在十亩地甚至上百亩地一个人就可以轻松完成播种收获。生产方式变了，耕作强度减轻，土地流转承包把一部分农民从土地上解放出来，城市吸纳了大量农村富余劳动力，从事餐饮、运输、建筑、安装、装潢、机车修理、保安、销售等服务业。距离城市近的乡村异化更快，土地被征收后卖给开发商，开发商盖起高楼大厦和花园洋房，村民们被迁到更远的地方。村落消失了，村民变成边缘性市民，传统耕作方式不复存在。

（3）生活方式变化

城市化带来乡村生活方式的变化。在陕西关中有句顺口溜："面条像裤带，锅盔像锅盖，帕帕头上戴，房子半边盖，姑娘不对外，油泼辣子一道菜，板凳不坐蹲起来，秦腔不唱吼起来。"秦人秦腔，千年如斯。和发达地区的农村相比，关中农村具有"三

How Culture & Creativity Drive The Country

慢"的特点：城镇化速度慢；思想观念转变慢；生活方式转型慢。让我们复原一下传统关中农村的生活场景：首先是生活简单规律，家家户户差异不大，一个村子基本上用一种模式就可以全部概括。以夏天为例：早上起来灌两口水，咬两口干馍，然后扛上锄头下地，锄上两垄玉米，瞅瞅太阳升高了，甩把汗、抖抖鞋里的土坷垃回家，临走时吆喝两声隔壁地里的乡党一起走。到家差不多是上午九点，洗把脸开始吃早饭，早饭基本上是玉米糁、糊汤，一家人就着咸菜、浆水菜，呼呼啦啦地吃起来。吃完饭点根烟，没抽上两口又被媳妇喊着去锄草，这一干就一直到下午两三点，也正是太阳最毒辣的时候，回到家稍微歇息就端碗，喋一老碗臊子

疙瘩拌面。在凉席上打个盹，下午四五点再去地里干活，等再回家时连太阳影子都看不到了。关中把吃晚饭叫喝汤，也就是热点儿剩饭或者吃点儿馍而已，饮食结构比较单一。通过一家人的生活你大概就可以知道一村人在干什么，这种模式化的生活和区域文化、生产方式都有关系。

这几年，关中农村的城镇化速度越来越快，村民饮食习惯也随之发生变化。比如：红白喜事就没有以前那么复杂了，原来要四处去借桌子、板凳、碗筷，一家老小忙活儿天，现在服务外包，一个电话就能搞定。服务队上门服务，包括厨子、服务员、碗筷、蔬菜、大肉、桌椅等一应俱全，不动锅灶摆几十桌酒席没一点儿问题。传统磨坊门前冷

落车马稀，镇上有加工好的精细粉任你挑选，大部分家庭开始购买车辆，电动摩托车成为大部分家庭的主要出行工具，自行车几乎被淘汰。个别家庭购买小轿车，以国产和韩国、日本品牌为主，外出打工的年轻人讲普通话，穿着时髦，一点儿不比城里人差。

（4）教育变化

2012年11月17日，21世纪教育研究院院长杨东平发布了《农村教育布局调整十年评价报告》。报告显示："在我国除农村小学外，农村教学点在过去十年间减少11.1万个，占总数的六成；初中减少1.06万所，减幅也超过四分之一。平均每天要消失63所小学、30个教学点和3所初中。研究报告指出，10年间农村小学生减少3153.49万人，占37.8%；农村初中生减少1644万人，减少26.97%。"农村学生减少，一方面是因为人口降低，另一方面是劳动力转移，大量农民进城务工，适龄子女进城走读，条件好的家庭也将孩子转到县镇学校就读。由于乡村教师待遇低，优秀的师范毕业生宁愿待在城市打工，也不愿意回乡下教书，从而导致乡村基础教育人才短缺。

（5）住房结构的变化

较少受到工业化冲击的村庄是一派怡然自得的田园风光，村舍因山就势，依水傍田，田垄地畔、果林菜园交错勾连，绕过一片竹林、一方水田，映入眼帘的是屋舍。中国民居大多以木结构为主，木架结构除了坚固抗震的优点外，还为勾梁画栋提供了表现空间，梁柱、立柱、顶棚、椽檩、花板、门、窗，都是乡下人发挥想象的空间。大户人家的庭院以中轴为核心，分前院、后院和中庭；小户人家没那么多讲究，盖房子随坡就势，咋方便咋来。但无论是大户还是小户，家就是生活的全部，是遮风避雨的温暖港湾，是响当当的面子。因此，乡亲们盖房都要花费心思，房子无关大小、简陋与否，它是家庭、家族生活的缩影。

现在，由于缺乏真正意义上的村落规划，农民的宅基地由村里统一划分，一家挨着一家，住宅以城市建筑为样板，建筑风格趋同。住宅结构多为砖混，上覆楼板，加盖二层，无实用功能，多为挣"面子"，而传统住房结构因为比较复杂、实用性差而逐渐被淘汰，一些古老的、优秀的建筑元素也荡然无存，取而代之的是方正呆板的楼房。楼

乡贤的午后

乡村宅院装饰精美的屋脊

金柱大门木雕精美

房外立面贴瓷片,有的平房"戴帽",用大瓦覆顶,起到保暖隔热作用。崭新的铝合金门窗熠熠生光,门楼也贴瓷片,装饰着牡丹、芍药、荷花、喜鹊、龙等吉祥图案,还有"勤俭持家""和气生财""家和万事兴"等祝福语。砖混结构的房子不用一根木材,施工简单、坚固耐用、节省成本。过去讲究三间大瓦房,现在追求三层小洋楼,农村住宅越来越简单化了,但是建筑的文化特色消失了,村子和村子越来越像了。

(6)生态环境变化

环境污染是制约农村可持续发展的瓶颈,良田上残砖断瓦堆积如山,围山建堤,截水成库,池塘、防洪渠被填埋,大量抽取地下水漫灌,乡村自净功能遭到破坏。由于大量使用农药、化肥、杀虫剂、催红剂、膨大剂,造成土壤板结,造纸厂、电镀厂、小型化工厂排放的污水很少净化就排入河流,造成水源污染。

(7)经济转型困难

农业具有"三高一长"的特点,"三高一长"指高风险、高投入、高强度和周期长。近年来,农业生产成本节节攀高,而产品价格却随行就市,增加了农民种植的风

石狮守望,岁月悠远

险，一些农村通过发展乡村旅游实现转型，于是全国又出现一窝蜂下乡圈地热潮。种地是个辛苦活，农民抗击自然灾害能力弱，稍有不慎最终遭受损失的还是神经最末梢的农民。按照农民人口未来占全国人口总量的30%计算，未来还有5亿农民需要继续和土地打交道，其余农民去哪儿？都向城市转移吗？城市能否容纳下如此庞大的非农业人口，还是个未知数。如果转型失败，必然引发更多社会问题。因此，未来谁来种地、谁来当农民的问题值得深思。

乡土的才是中国的。随着城市化加快，乡土早已不是原来的乡土了。乡村异化了，但最让人担忧的是文化的异化。黄仁宇先生认为"中国历来缺乏坚强之精神"。乡村更是如此，传统文化正在丢失，从习俗、饮食、建筑，再到道德伦理无一幸免。有学者担忧："古老的乡村模式，村落文化，生存方式都在发生变化，在这个意义上，乡土中国正逐渐终结。"

How Culture & Creativity Drive The Country

2. 乡村遗产

几年前，我参加了一位仙逝长辈的迁坟仪式。初春时节，白鹿原草长莺飞，景色优美。仪式是在刚起身的麦地里举行的，由村里长辈主事。老人腔调高亢悠长，更显哀恸。唢呐声声，曲小腔大，吐、颤、碎奏，深沉凄楚，田野为之肃穆。现在这样的仪式不多见了。唢呐表演是乡村文化的一个缩影，还有更多类似的乡村非物质文化遗产正在加速度消亡。

非物质文化遗产（以下简称非遗）是传统文化的重要组成部分，是一个民族或群体渗透力最强的文化基因，是最具地方特色、最有价值、最富有魅力的文化资源。按照联合国教科文组织对非遗的解释(intangible cultural heritage)：泛指被各群体、团体、有时为个人所视为其文化遗产的各种实践、表演、表现形式、知识体系和技能及其有关的工具、实物、工艺品和文化场所。所谓"高手在民间"，许多民间高手的绝活就是非遗的展演，非遗作为"活态"文化，消亡速度很快，除了需要收集、保存、整理物质性载体外，还要对掌握非遗技艺或形态的人加以有效保护，让这些民间艺人把绝活代代传下去。

我国非遗涵盖口头传颂，包括作为文化载体的语言；传统表演艺术；民俗活动、礼仪、节庆；有关自然界和宇宙的民间传统知识和实践；传统手工艺技能；以及与上述表现形式相关的文化空间。根据这一定义，2006年国务院公布第一批国家级非物质文化遗产名录时将非物质文化遗产分为十大类：分别是民间文学、民间音乐、民间舞蹈、传统戏剧、曲艺、杂技与竞技、民间美术、传统手工技艺、传统医药、民俗。我国公布的非物质文化遗产名录有1000多项，每项下还分若干分项。

乡村是非遗的主要发源地和流传地。费孝通先生曾说："千百年来乡土社会孕育的这种感觉，就是一个'土'字，土是生命之本，是文化再造和复兴的基础。"非遗最大的特点就是一个"土"字，没有了"土"，乡村就和城市一样，没有了文化界别。

有学者认为："在漫长的自然经济时代，中国的农村社会形成了一整套生产生活方式和习俗，以及宗教信仰和表达喜怒哀乐、表达审美情绪的艺术形式，从而形成了不同地域各具特色的文化生态系统。这些文化生态系统在长期的历史演进过程中维持了它的平衡性、自治性和稳定性。今天被称为非遗的各种文化表现形式就蕴育发展于这些文化生态系统中，它们和人们的生活密不可分，有着极其重要的价值和功能，同时也成为这个系统中不可分割的构成要素。"[①] 以首批正式公布的陕西省级非物质文化遗产代表项目为例，首批非遗项目共计145项，其中有24项被列入第一批国家级非物质文化遗产名录，包括民间音乐，如蓝田普化水会音乐；民间舞蹈，如临潼十面锣鼓、洛川蹩鼓；民间文学，如长安斗门石婆庙七夕传说；传统戏剧，如华县皮影戏；曲艺，如韩城秧歌；竞技，如华山拳；民间美术，如凤翔泥塑；传统手工技艺，如澄城尧头陶瓷烧制技艺；民俗如宝鸡民间社火等，共计8项。这些非物质文化遗产有个共同特点，就是诞生于乡村，以农民生活为创作源泉，特色鲜明、代代相传，有些甚至没有文字描绘。现在随着非遗的载体（乡村）消亡，若不加大保护力度，在不远的将来，非遗就可能完全消失。

非物质文化遗产大多表现的是人与人、人与自然的抗争、妥协、和谐相处，喜怒哀乐，所思所想等文化内涵，因此具有一定的审美价值。建设"美丽乡村"，不仅要环境美、生活美，还要文化美，"美美与共，天下大同"。要做到文化美就要重振乡村文

---

① 刘珂：《农村社会变迁与非物质文化遗产保护的思考》，陕西非物质文化遗产库，2009年9月28日。

化,特别是加大对非遗的保护力度,实现人与自然和谐共生、依存发展,这也是新型城镇化和新农村建设的要义。

陕西合阳花馍
现在能做这么精美寿礼的老人越来越少了

民居，正门保存较完好，有门墩、门簪、门匾等装饰

3. 小院人生

乡村是美的，无论是"清江一曲抱村流"的曲折悠游，还是"狗吠深巷中，鸡鸣桑树颠"的夏日静谧，亦或是"听取蛙声一片，稻花香里说丰年"的田野喜悦，都是乡村之美。除自然景物之外，乡村还有一美——住宅。设想这样一幅乡村场景：在"雨里鸡鸣一两家"的日子，披着"青斗笠、绿蓑衣"，沿着"竹溪村路板桥斜"（《雨过山村》，唐·王建）进入农家，"故人具鸡黍""把酒话桑麻"。这是多么惬意啊！农村是日夜不息供应城市运转的发动机，大部分城里人的爷爷或者是爷爷的爷爷，都曾经是一个邋遢而又怀揣理想的乡下小子。小时候，家里的房子是土坯房、砖瓦房和窑洞。春天来了，在田野里挖荠菜；夏天，小伙伴顶着烈日溜到西瓜地里去摸瓜；秋高气爽的日子里，就在屋檐下挂黄澄澄的玉米串子和火红的辣椒；冬天到了，就在炉火上烤红薯；腊月里大雪纷纷，家家户户都在喜气洋洋地贴窗花、贴门神、挂灯笼，迎接新年。走在乡间，峰回路转处屋舍俨然，农田、涝池（水塘）、核桃树、苹果树、桃树、梨树、槐树、皂角树……数也数不清，几声汪汪狗吠惊起树上麻雀，母鸡刚产蛋就迫不及待地咯咯哒向主人报喜……这是世外桃源吗？不是！这是生机勃勃、趣味盎然的世俗生命在欢唱。从20世纪80年代开始，富裕起来的农村人陆续推倒土坯房，盖起楼房。原来的房子大都依着地势，不经意间就成了风景，现在的房子由乡上村上统一规划，街道笔直、干净整洁，但少了野趣，更谈不上田园诗意了。

有人认为"住宅即心，是规矩、修养的一部分"。中国传统的风水观念不仅影响着村落选址与布局，也影响着住宅的选取，因此乡下人的房子大都随坡就势、依山傍水，乡下人的房子大都是在老宅基地上翻盖或者是重新划分宅基地后盖的，大户人家的房子雕梁画栋，有"关""藏"财富的气派照壁、上马石、拴马桩、雕花的门墩和精美的辅手。乡下人有句俗话："富贵人家房梁上的一根椽要比穷人家的一根檩还粗，那叫气派！"老宅院里祖宗们的精气神似乎不曾离去，一直护佑子孙们耕读劳作、考取功名，也护佑儿孙满堂、福禄长寿。家就是温暖的方向，老宅院有先人的气场在，无论是灯下苦读的学子、飞黄腾达的高官，还是戍守边陲的士兵、海外发达的商贾，走得再远也不会忘记故乡，只要有机会就会回乡造屋。宅院虽小，折射的却是乡下人的世界观和人生态度。

史料记载：秦汉时期，我国民居建筑就已趋于成熟。中国民居虽有南北之分，但也有共性——砖木结构。千百年来，民居经受自然磨砺、风雨侵蚀，逐渐发育成不同的风

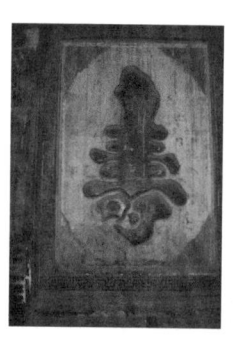

陕西韩城新城区丁家村，大门内一进院内厅房的影壁，寄托着主人对生活的希望。

第二章 变化了的传统元素 | 41

格,进而发展成固定的艺术形态。传统的房屋顶部呈"人"字型结构,但关中民居特点是"房子半边盖",房屋结构是"人"字的一撇,正房称"堂屋",偏房叫"厦子",盖房时先用黄土夯起三面土墙,朝院子一面布设门窗,房顶只需少量粗壮木头做檩梁。"房子半边盖"既有自然地理因素,也有经济原因。这种土木结构"半边盖"的房子节约木材,也沿袭了关中"少用木头多用土"的传统观念。冬天北风呼啸,天寒地冻,"半边盖"的房子没有穿堂风,保暖性好。此外,关中地区缺水,只要下雨,屋檐滴水就能顺着瓦檐流进庭院,这取"肥水不外流"之意。过了渭河进入黄土高原,塬上更加缺水,家家户户的院子都挖着地窖,主要用来储存雨水,雨水沉淀后就可满足日常淘菜、洗衣等用途。进门一堵墙,这不叫墙,

大门匾

侧山墙装饰有精美砖雕

农家宅院前的抱鼓石

叫"照壁","福""禄""寿"扑面而来,让人心情舒畅。

比如,陕西凤翔县就保留了大量关中地区的传统民居样式,民居样式仍然具有"房子半边盖"的特点。凤翔古称雍,民风淳朴。因此,"在院落布局上仍然存在严格的等级观念,院落一般无上房,只在两边各盖三间,当地称为'厦房',以房屋朝向为准,左边是上房(老人居住)和厨房,右边是厢房和杂物间,中间是细长的过道,后面是水井,地窖,杂物间和圈牲口的地方,后院门外是厕所。院子面积比房屋建筑面积略小或相当。大门装饰讲究,有精美的砖雕且多用青砖砌成。对神灵的崇拜体现在院落门口或门里面都要有的土地爷牌位或神龛,厨房的灶台上供有灶神牌位。"①

凤翔民居反映了关中民居的家庭道德观念和伦理结构,当年少年得志的苏东坡曾在此挂职锻炼,想必也住在这半边盖的房内,"闲敲棋子落灯花",写下许多得意文章。

北方的风景连绵不绝,沿着凤翔向北,这里的民居更有特点。

西行至长武、陇县、甘肃南部一带,就进入沟壑纵横的黄土高原。直至20世纪80年代初,这里的民居尚保留"穴居"式。"穴居"顾名思义,就是在地势高处直接向下开凿长方形或者四方形的基坑,在基坑周围开凿窑洞,碹了顶和窑脸,装上门窗,盘个热炕,这就是一个家了。基坑内有缓坡作为出入的通道,当地谚云:"上山不见人,入村不见村,但闻鸡犬声,院落地下藏。""穴居"是先民人类适应自然、改造自然的杰作。先民在崖畔开凿窑洞,用青砖碹窑脸,窑脸呈半弧形,上面留有通风口,用木格装饰窗户,虽然简朴,但不失生活情趣。逢年过节,窗户就成了婆姨们展示手艺的空间,花花绿绿贴满了剪纸。秋收季节,窗台上晒满黄亮亮的玉米和火红的辣椒,还有柿子、核桃、大枣……男人在院落里晒粮食,女人在太阳下纳鞋底、聊天。现在生活条件改善了,没有人愿意再住"穴居",于是他们在开阔地方选址,起屋盖房。一些"穴居"也被改造成旅游景点,供游客观光体验。

到了黄河边的韩城党家村则是另一番富庶。历史记载:党家村始建于元至顺二年(1331年),主要居民为党、贾二姓两大家

---

① 撒小虎:《关中民间器具与农民生活》,学苑出版社,2010年5月版,第143页。

二进院落的正房古意盎然

族。清朝初期,党、贾两姓人家分别在豫鄂交界的唐白河流域经营布匹茶叶、票号钱庄,富甲一方。挣了钱自然要光宗耀祖、衣锦还乡。于是,他们开始修葺祠堂、庙宇、阁楼、碉堡等。有了银子,能工巧匠纷沓而至。经过工匠们的精心规划,村子就有了轮廓,街、巷、院的规划充分结合了堪舆思想,遵循着"巷不对巷""门不对门"的建筑要求,组合成上百座宅院(其中祖祠12座),近千间大瓦房屋。这些宅院大都属四合院布局,占地阔敞,雍容大气,每个院子占地约260平方米,以长方形为主,个别呈正方形,由厅房、左右厢房、门房围合而成,厅房开阔轩敞,前檐多为歇檐样式,主要用于供奉祖先牌位,逢年过节亲朋往来宴会的场所。冬天,炭火融化北方寒冷,满屋子其乐融融。门房和厢房为起居室,男女老少、兄弟姊妹居住有序、男女有别,一丝不苟。正对着大门的是一块大照壁,照壁为砖雕或石雕,刻有类似"忠孝节义""存心要公平,孝弟忠厚择邻居"等格言警句。厅房两侧山墙亦有"言有教、动有法、昼有为、宵有得、息有养、瞬有存"等祖训,体现了主人的身份修养和处世哲学,同时也教育、感染着子孙后代,做人行事都要遵守道德规范和先人教诲。

沿着黄土高原继续北上,映入眼帘的是沟壑纵横、梁峁相连、气象磅礴的苍凉景象。过了黄陵县到达延安,这里的民居以窑洞为主。相传,窑洞最早始于周代,是黄土高原区最具代表性的民居,有土窑、接口窑、砖窑、石窑等类型。窑洞巧妙地掩藏在

韩城丁氏祠堂院落（从厅房看二进院落）

墚峁崖畔,与大自然融为一体,有些相互叠加,蔚为壮观。黄土高原、窑洞和人相互适应选择,暗含了天人合一的居住思想。窑洞负阴抱阳,向阳面外露,就是再穷的人家也要将这外露的"窑脸"精心装饰一番。"窑脸"旁是半圆形的木头窗棂,有人考证这印证着"天圆地方"的智慧,木格子窗户糊着白纸,贴着窗花,点缀了一院的风景。窑洞前是开阔的院落,有枣树、榆树、磨盘和石凳,窑洞在山峦墚峁间展露着神奇和安逸。

遥想当年,中国革命就是从这片贫瘠的土地走向胜利,这里的沟壑、窑洞、小米、高粱都和共和国的命运紧密相连。

继续北上,抵达山西平遥古城。俗话说:"地下文物看陕西,地上文物看山西。"山西保留下来的地面文物众多,尤其是古民居更是在全国名列前茅。平遥民居大多建于明清时期,保存完整的四合院就有400多处。可以遥想当年熙熙攘攘、车马往来的盛景。山西票号一度掌握着大半个中国的民间财富,票号老板们虽身居乡下,但目光早已越过高墙大院,密切关注着外界的风

从塬上俯瞰韩城党家村,
古民居错落有致,层层叠叠

雨变幻,神态自如地指挥着大江南北的票号卖出买进。"庭院深深深几许",这些四合院多为二进、三进院落,厚实坚固的围墙日夜护卫着主人的尊严和奢华,四合院布局严谨,左右对称,轴线分明,磨砖对缝,左右厢房是砖木结构的单坡瓦顶,坡一律向内院,"四水归堂",财不外露。除平遥外,祁县的乔家大院更是奢华富贵,乔家大院集中了宋、元、明、清以来的建筑技法,加上历任主人的修缮,富丽堂皇、华美无比,一砖一缝里浸透着封建大家庭的威仪、居住理念和处世哲学,从而成为北方四合院的代表。

到了东北关外,住房就不同于华北中原一带,也就没有四合院那么讲究了。因家庭条件不同,房子分为草房、土房和瓦房,这些都代表了农耕时代的住宅理念。无论是哪种结构的房子,方位上大都坐北朝南,墙体很厚,窗户较小,室内盘有火炕,用来抵御严酷漫长的冬天。外面天寒地冻,一家人盘腿坐在火炕上,喋个小鸡炖蘑菇,喝二两烧刀子酒,小日子自得其乐。

好了,让我们再把目光转向杏花春雨的

正房山墙的墀头装饰
历经风雨依然隽永

石狮负着柱础,也扛起了一个家

柱础上的莲纹

江南吧。"江南好，风景旧曾谙。日出江花红胜火，春来江水绿如蓝，能不忆江南。"小桥流水、鸡鸭鱼鹅、乌篷船、油纸伞、青石板街巷、吴侬软语……这些元素组合成如诗如画的江南风光。江南民居是水乡历史文化和社会风貌的重要体现，也是水乡农民生活方式和住宅思想的外延，布局和北方四合院有共同之处，大都采用平面布局。江南虽是鱼米之乡，但人多地少，庭院自然就显得局促、紧凑。民居多采用穿斗式木构架，柱直接承檩，屋顶陡峭，覆盖灰瓦，盖南方雨水多之故。房屋外墙很薄，还刷着白灰，室内铺砖或石板用于防潮，用木量比北方民居多，而且喜欢用褐色、黑色等色彩，盖南方气候湿润容易返潮之故。林木掩映间露出灰瓦白墙，倒也相映成趣，让人感叹古人不愧为大自然的调色师。周庄、同里、西塘和乌镇并称江南四大古镇，建筑代表了江南民居精华。**甪**直古镇距离苏州不远，名气虽不及上述四镇，但也古朴幽静、风景绝好。江南水乡民居大多是前街后河，出行有舟楫，临街搭建着公共檐廊供人行走。每当有婉约的女子走过青石板街衢，就会在悠长的古巷留下一帘幽梦。白墙黛瓦间飘来清新的丝竹声，循着声音推开虚掩的大门，眼见那勾栏玉砌、疏影横斜，窗棂下的小猫慵懒的神态一如江南。穿厅堂，入厢房，过天井，进后院，全然不似北方四合院阔绰气派，但花木扶疏、曲径通幽、雅素明净，自成洒脱。宅院虽小，但走出的达官贵人、风流才子、倾城佳丽却不计其数。无论阔绰也罢、平淡也好，都已成过眼云烟，只有院落依旧迎来送往着形色匆匆的不同主人。一方水土养一方人，一处宅院涵养一种性格，北方人如黄土高坡般豪迈爽朗，南方人则似古巷般悠远深邃。如此百转千回，怎能不叫人忆江南，怀念似水流年？

沿着珠江到了岭南地区，这里民居完全不同于中原地带。岭南包括广东、闽南、海南和广西大部分地区，由于远离中原文化，浸润着海洋文明，因此自汉代以来就逐渐形成开放包容的社会心理和商业思维，并融合改良了异域文化，发育成独具特色的岭南建筑文化。位于珠海北部的唐家湾会同古村是著名的侨乡，这里的民居既有岭南风格，同时又受西方建筑思潮影响，进而形成中西合

小桥流水,岁月静好

壁的建筑风格。19世纪以来,这里的村民为躲避战乱,纷纷漂洋过海,到香港、澳门、旧金山、檀香山等地谋生,发达了就回老家买田起屋。由于他们常年在外经商,住惯了西式屋子,轮到自己建房子时,自然就杂糅了个人理解的西方建筑风格,形成既有地域特色又有西洋风格的中西合璧建筑。"更绝的是其单体民居设计中运用了现代模数制设计手法,以中国传统民居正房加前院为核心,以增加左右书房和前后院为变数,演变出满足各种家庭人口、代际增加和长幼尊卑次序的住宅,使整个村落风貌既统一又有变化,极富韵律感。"[1]

乡土中国历来缺乏坚强的建筑观念,从而导致在现代化进程中迷失自己、传统殆失、文脉断层、建筑异化。特别是21世纪以来,我国城镇化步伐加快,受城市文化和建筑的传导示范,乡村建筑不断模仿城市建筑和国外建筑。农民工在全国范围内流动,眼界开阔了,潜移默化地将城市居住理念带回农村,从根基上动摇了传统的居住理念。这种城市化思想日积月累,相互仿效,原来地域特征明显的乡村住宅就慢慢消失了,取而代之的是一排排标准的楼房、平房,曾经孕育中华文明的传统农家小院一去不返。

---

[1] 朱晓明:《寻找唐家湾》,同济大学出版社,2006年4月版,第30页。

拴马桩进城

4. 拴马桩

梁思成先生认为："艺术之始，雕塑为先，盖在先民穴居野外之时，必先凿石为器，以谋生存；其后既有居室，乃作绘事，故雕塑之术，实始于石器时代，艺术之最古者也。"与雕塑在西方美术史上的重要地位相比，我国历史上对雕塑艺术的重视度则逊色很多，这自然引发梁思成的感慨："此最古而重要之艺术，向为国人所忽略。"[①] 在我国除过造像艺术外，还有一种民间雕塑艺术也一直被忽视，就是在陕西渭北地区的拴马桩石雕。"上个世纪八十年代，陕西省进行大规模文物普查，对拴马桩的分布作了界定：主要集中在富平、蒲城、澄城、合阳、韩城、大荔县（市）及周边地区，地理范围在泾河下游以东、渭河下游以北、陕北黄土高原以南、黄河以西，处在关中平原的东端。近些年来，这种被忽略的艺术品大量被博物馆、私人收藏，价格也水涨船高。"[②]

拴马桩也称拴马石，属石刻雕塑，是我国北方民间石刻艺术的一种具体表现形式。拴马桩主要用来栓牛、马、骡等牲畜，既有实用功能，还有装饰、威慑、祈福等内涵，更是门第、家庭富裕程度的外在表现。拴马桩用料主要以渭北所产灰青石和黑青石为主，大型高约300厘米，中型约260厘米，小型约230厘米，通体由桩头、桩颈、桩身和桩根构成，雕有精美的动物、花鸟虫鱼等图案。桩头属石雕主要部位，多为圆形，有孔，造型为动物类、人兽组合类和少量花类，动物有狮子、猴子、牛、马、羊等，组合类有人兽依偎、人兽搏斗等。无论哪种形式都具有细腻、惟妙惟肖、栩栩如生的特征。桩颈亦称台座，上大下小、上圆下方，主要作用是承接桩头。桩身结实修长，雕有云纹、卷纹等图案。桩根亦称桩基，主要是固定桩身，因此深埋地下。

---

① 梁思成：《中国雕塑史》，百花文艺出版社，2006年6月版。
② 晏新志：《陕西渭北拴马庄的历史成因及造型语言探微》，《关中民俗艺术论集》，三秦出版社，2003年版。

雕塑艺术起源于上古时代，包括石刻、玉雕、陶塑、铜雕、泥雕等，以宗教雕塑（造像）和陵墓雕塑为主要表现形式。拴马桩不属于这两种，拴马桩起初主要用途是用来拴马、牛、驴、骡等牲畜，其次才是作为住宅建筑的附属品，体现它的装饰功能，因此与宗教无关。在封建农耕时代，渭北地区的富商、官宦喜欢在大门外两侧栽上一个或多个拴马桩，精美气派，而小户人家则可能是个木头桩子而已。从实用功能分析，拴马桩还能供亲朋好友拜访时拴坐骑，就相当于现在的车位一样。拴马桩大多配有上马石，供人踩踏上坐骑。后来，随着陕西籍官员外出治事，这种民间艺术就流传到更远的地方。关于拴马桩的起源有两种观点：一种观点认为拴马桩是由最初的木制逐步演化为石材的，在唐甚至更早时期就出现了；另一种观点认为最早应起源于明清时期。

拴马桩虽然是民间器物，但因其造型独特、外观华美而增添了北方民居和深宅大院的美感和威仪感。可以想象，拴马桩曾日夜守望着主人的平淡或富贵，也守望着蹉跎岁月，任风雨之侵蚀、人为之摧敲。美学家朱光潜先生曾说："年代的久远常常使一种最寻常的物体也具有一种美。"艺术的产生都有着深刻的社会历史背景，是特定地域、特定文化的缩影。时空转化让拴马桩这种昔日的普通石刻成为美的化身、民俗的表征。仔细辨认似乎还能从斑驳的桩体上探寻出人世沧桑、历史轮回⋯⋯

第二章 变化了的传统元素 | 55

拴马桩

　　和碾盘、柱础、石门槛、门礅石、石凳、石桌、石马槽、上马石等民间器物一样，拴马桩只是作为建筑构件或装饰品形象出现，因此在美术史上鲜有记载，不像历史上规模宏大的造像都记载有工匠姓名。拴马桩作为普通民间器物，没有留下工匠任何蛛丝马迹，现代研究者只能通过斑驳的桩体还原古时工匠师傅们挥汗如雨、石屑飞扬的场面。城镇化步伐不断加快，乡村正在加速度消失，一些古村落被拆迁或改造成旅游景区后又出现新的矛盾：这些矛盾包括原住民与外来人口、游客的矛盾；旅游开发与动态保护的矛盾；城镇化建设和原生态保护的矛盾；提高农民收入和改善人居环境的矛盾等。诸多矛盾交织在一起，形成了目前复杂多变的古村落旅游现状。要破解这些矛盾就需要在实践中不断总结探索经验和教训,最后形成立法保护。目前,乡村文化遗产的价值逐渐为大众所熟悉,间接拉动了拴马桩为代表的大量民间器物迅速升值,"但是由于所有者在经济上的弱势地位和文化上的盲点,导致这些器物无法在乡村完整保存,于是就派生出一种以搜罗运输各种民间器物为生的从业者"。他们走街串巷收购拴马桩、马槽、碾盘、石柱础、石鼓、石狮子、石门墩,然后通过熟人介绍,将这些器物贩卖到城市的各个角落。

拴马桩,顾名思义就是用来拴马、骡、驴等牲口的,现在是汽车时代,早已无马可拴了。就连同属马科的兄弟驴,还有杂交品种骡子都在农村消失了,养马成了奢侈生活的象征,骑者个个趾高气扬,手持马鞭迎风而驰,锃亮的靴子晃得人眼花。每次看到这种场面,我就纳闷,这究竟是炫耀马还是炫耀人呢?养马毕竟是少数高大上人士的生活方式,至于拴在哪儿已经无所谓了,于是拴马桩堂而皇之进入城市博物馆、私人会所、别墅庭院、公园绿地,有精明商人开始仿造拴马桩,采用机器雕刻,高仿拴马桩虽然工艺精湛,但少了沧桑感、少了古味。有人说:"在利益驱动下,民间旧物实现了流通,在流通过程中被展示、收藏、保护、利用、增值。在民俗旧物的利用过程中,形成复杂的人际关系,一些农民开始从乡土社会走向都市,由农民变成文化商人。"[1]

拴马桩曾守望过乡村宅院的荣辱兴衰,它的命运见证了中国从农耕时代到工业文明的历史进程。这种独特的民间艺术生根于农村,上接先人,下接地气,和日常生活密不可分,虽然进了博物馆、美术馆、展览馆和会所,但早已没有了土气,只是装饰品而已。近年来,不仅拴马桩,就连马车、牛车、骡车、水车、磨盘、石槽、纺织机、门墩、门匾、窗棂、手工瓦、檩、板凳、桌子等家什都被城市人疯狂抢购,甚至连老院子也被拆迁异地复建,而村落文明却在一点点消失。这究竟是文明的守护还是文化的掠夺呢?

---

[1] 尹虎彬:《人文生态观念下的民间传统文化保护》,《乡村文化与新农村建设》,李小云等著,社会科学文献出版社,2008年1月版。

第二章 变化了的传统元素 | 57

上马石侧面　　上马石正脸

门墩

英国北部的田园风光

5. 阡陌交错

"阡陌",即乡间小路,也泛指田野。"阡"指南北走向的田埂,"陌"指东西走向的田埂,两个田埂相互交错勾连,构成乡村田野的主要路网。"阡陌"一词最早见于汉乐府《陌上桑》,讲述的是采桑女秦罗敷拒绝使君的故事。罗敷美貌如花,让"耕者忘其犁,锄者忘其锄"。司马迁在《史记》中记载商鞅变法:"为田,开阡陌封疆,而赋税平。"陶渊明的《桃花源记》里也有"阡陌"一词出现:"阡陌交通,鸡犬相闻。"春天的田野一望无垠,田间小路相互交错,彼此相通,走在乡间小路上,欢快雀跃的心情难以言表,远远就能听到村子里鸡鸣狗吠之声此起彼伏。面对此情此景,就连南朝著名文学家江淹也感叹:"种苗在东皋,苗生满阡陌。"(《杂诗三十首之陶徵君》)平平淡淡的叙述中透露出在田野劳作的辛苦,但心情是惬意的,正所谓"此中有真意,欲辨已忘言"。

"阡陌"走过历史,也走向未来。

老子曰:"出门愈远,离道愈远。"人有好坏,道分古今,正如陶渊明所言:"道狭草木长,夕露沾我衣。"古典的乡间小道狭仄修长,是独特的乡村景观。20世纪70年代末,台湾音乐人叶佳修创作了《走在乡间的小路上》,80年代经内地歌唱家苏小明演唱,风靡一时。"走在乡间的小路上/暮归的老牛是我同伴/蓝天配着夕阳在胸膛/缤纷的云彩是晚霞的衣裳/荷把锄头在肩上/牧童的歌声在荡漾/喔呜喔呜喔喔他们唱/还有一支短笛也在吹响……"阡陌上的歌声悠扬,田野里禾苗芳香沁人心脾。现在,这些优美场景早已成为记忆,那古典的、氤氲着乡愁气息的阡陌歌声、动人的故事,还有"带月荷锄归"的心情都渐行渐远。

在国外旅行常常能看到这样的画面:在遥远天际之间,夕阳将山峦映照成线条分明的剪影,清爽的乡间道路弯弯曲曲伸向远方,不知名的花儿争相吐艳,绿色向无限远延伸,教堂、村庄点缀其间,木栅栏将田畴分割成一片一片,牛羊马三五成群悠闲地吃草、饮水、静卧,追逐戏耍,在蓝天白云下,光影交错如梦如幻,就像莫奈的油画一样色彩饱满。只要一见到这种风景,同行的朋友们就激动不已。"咔嚓、咔嚓",相机快门声响成一片。

当下中国经济高速发展,农业不再是社会经济主导产业,现代化让乡村遭遇前所未有的危机,一些地方将城镇化简单理解为房地产开发,导致每年有近4000万农民失去土地。在追逐现代化的过程中,农耕文明孕育的乡村景观也在迅速消失。人类发明了汽车、火车、飞机,让距离不再是问题。于是工厂主来了,房地产开发商来了,田野变得热闹起来,天空中升腾起滚滚浓烟,一栋栋高楼拔地而起,推土机残暴地撕开阡陌道路、溪流湖泊、山坡林木。乡村要城镇化、政府要政绩、开发商要赚钱、建筑师要出名,在这种浮躁的环境下,谁还愿意静下心来研究乡间道路和自然的关系呢?在乡土中国,"阡陌"既体现人和土地的关系,也体现人和自然的关系。乡间道路大多没有名字,多以方位、地块来确定,纵横交错的水渠和田埂共同构成了乡间的道路结构,这种结构避让自如、顺势而为,体现了古老的乡村哲学——自然、质朴、随和、尊重格局、不强求,纵然是一株老槐、一口老井、一洼池塘,道路该绕就绕,绝不去人为破坏它。现在乡村规划盲目仿效城市规划,设计师缺乏对乡村景观、乡村住宅、村民心理和行为的充分研究,生搬硬套城市环境设计,破坏了传统农业生态系统。于是到处是硬化铺装的广场、南树北移的景观,而忽略了建筑地域性特征。事实上,乡村差异性是城镇化过程中应得到充分重视的重要因素。资料显示:我国城镇化速度与工业化的进程相差15个百分点,人口的城镇化严重地落后于土地的城镇化,大量土地被生硬地划成市区,但是人却没有相应成为市民,地方政府只是将城市的居住理念、道路设计在乡村进行简单宣传和复制。所谓的"阡陌交错,鸡犬相闻""绿遍山原白满川,子规声里雨如烟"的田园风光,还来不及欣赏就被"规划"了,一切都要为发展经济让路。当然,发展的同时也付出了巨大代价，雾霾、尾气、交通拥堵……这些城市发展中的问题开始向乡村蔓延。今天，"乡愁"似乎成了一个点击率颇高的词，人人都在消费乡愁，岂不知乡村是乡愁的源泉。没有了源泉的滋养，乡愁就会枯竭。中华文明的源泉就在阡陌交错间、在渔歌晚唱里、在牧童归笛中、在袅袅炊烟间……由此可见，"阡陌"的社会意义是多么重要，它联络着乡土的筋脉，交织着人和人、人和自然、村落和村落的关系。

能不忆"阡陌"？

渭南市临渭区南雕村的牌坊

6. 公共空间

公共空间(public space or public place)这一概念随着城市的发展而日臻完善，在英语语法中，public的含义主要指公共与公众。通常所说的公共空间是地理概念，属狭义的公共空间，指那些供城市居民在日常生活和社交活动中共同使用的室外场所，包括街道、广场、居住区户外场地、公园、体育场地等。广义的公共空间指进入地理空间的人们所从事的休闲文化活动或者政治集会。古希腊城邦的公共空间包含地理空间和政治空间，主要围绕广场、市政厅周边、教堂广场、小城镇中央喷水池展开，是市民议论时政、交流信息的重要场所。比如，威尼斯圣马可广场、梵蒂冈教堂广场、罗马竞技场等，都是著名的城市公共空间，曾经见证了欧洲文明的兴衰更迭、风云变幻。

近现代以来，东方国家特别是中国城市化进程缓慢，对公共空间的建设也落后于西方发达国家。但20世纪80年代以来，城市化进程加快，在短短30多年的时间里就完成了西方国家上百年的城市化进程，类似广场、体育馆、图书馆、公园绿地等城市公共空间的建设速度和规模远远超过西方城市。当然，公共空间不是城市专属品，乡村自古就有，比如，在安徽的歙县、休宁、祁门等地方，大部分古村落的进村处都有一个融自然风光和徽文化于一体的乡村园林——徽州水口。水口既有村落界定、防卫、休闲等功能，也有精神引领作用，因之也被后人称为"中国乡村最古老的公共花园"。在这些村子，水口就是朴素的公共空间。作家到乡下采风，和乡亲们聊天时爱寻根问祖，岂不知大多数村民是没有族谱的。老乡只好憨笑敷衍："老家不就是山西大槐树下的嘛。"其实，泱泱中华何其广阔，又岂止一个"大槐树"呢？在中国人的文化观念里，"大槐树"既是地理空间，也是文化空间，寄托了中国人的文化认同。

乡村公共空间既是防御、绿化、交流信息、消遣娱乐、采买商品、劳作等乡村活动的地理空间，同时还是乡村风水、精神导向和人生价值的文化空间。因此，英文中对于这样的场所，强调的是space，意即一个空间、一个氛围场。城市包括小城镇、中等城市、大城市、特大城市和国际化大都市，有城市必然就有商业，商业活动支撑着城市日夜运行，这就需要大量公共空间来缓冲由交通、办公、学习、商业、住宅、娱乐等构成的拥挤空间。所以，城市里就有了公园绿地、广场、喷泉、图书馆、博物馆、连廊和亭台楼阁等。

乡村公共空间是乡村身份的区别，是乡亲们交流耕播心得、打听消息、祭祀先祖、休息游憩的场所。有些公共空间，比如，祠堂主要就是完成家族祭祀、议定重大事项的公共场所。乡土中国的公共空间囊括了庙宇、村口、祠堂、井畔、桥头、戏楼、磨面房、饲养室、村委会、社区活动室等元素，每个公共空间蕴含的又不只一种形态，还包含思想文化、人与人的交流方式。仔细研究很有意思，单是名称就体现时代变迁。饲养室和村委会是20世纪50年代以后的产物，社区活动室和党员之家则是乡村城镇化的成果。

先说祠堂。祠堂是乡村重要的公共空间,是安放先祖列宗牌位的地方。祠堂是从家庙演变而来,出现时间上晚于庙宇。相传明嘉靖年间,礼部尚书夏言上书:"乞诏天下臣民冬至日祭祀始祖。"世宗接受谏言,布诏天下:"许民间皆连宗立庙。"于是,宗祠遍天下,民间祭祀从此盛行。祠堂的主要作用是通过各种祭祀活动来强化宗族血缘、维护同族人的社会经济利益、裁决家事、执行族规、处理乱纪和商议重大决议的场所。祠堂也是封建家长制度的象征,一些重大事件,如祭祀祖先、抵御外来侵略和族长推选继承等重大决议,都要在祠堂里进行,家族间的恩怨是非,邻里之间的口水纷争也大多围绕着祠堂这一公共空间展开。

著名长篇小说《白鹿原》就是以位于陕西关中平原的白鹿村为背景,描写了白姓和鹿姓两大家族祖孙三代的恩怨纷争。两姓都有各自的祠堂,田小娥作为小说中的一个重要人物,也是悲剧人物,她到死都无法进入祠堂。在封建社会礼教吃人,这种披着仁义道德外衣的惩罚对她来说就是最大的羞辱。这从反向也印证了祠堂不可僭越的重要地位。祠堂是古代礼法最为集中的地方,除了它的现实社会意义外,还带有浓厚的宗教色彩,在族人心目中神圣不可凌越,一些家族中甚至对擅闯祠堂者都有从严惩处的规定。祠堂一般都有祠名,祠名强化着家族的价值观,并以先人的德行庇佑着后代子孙。祠堂选址很讲究,大户人家的祠堂一般建立在村子主要节点或者中央位置,乡宅环绕拱卫,建筑华丽精致,尺度开阔,旁植有榕树、槐树、皂角树等,遮天蔽日的树木暗示着宗族强大的生命力和向心力。祠堂因其严肃性自然就成为封建乡村的重要象征。北方传统的祠堂出入口往往都写着"入格"和"出肃",意在告诫族人除了要遵守国家律令外,宗族里还有"格肃"是要严格遵守的。祠堂的命运终结在"文化大革命"期间,大部分祠堂被当作封建礼教残渣余孽的化身被砸个稀巴烂,留下的凤毛麟角。从此,作为乡村最主要的文化符号——祠堂,湮没在浩荡的历史长河中。

夕阳中的玉米地

祖先们在规划乡村空间时不像现代城市规划有严格的规划要求，他们虽然缺乏系统的理论体系，也不具备现代规划思想，但是这不意味乡村就没有规划。相反，乡村规划也非常严谨，大多遵循风水堪舆思想，藏风聚水，自古亦然。堪舆思想潜移默化地影响着村落和住宅的选址建设，从而成为主导封建乡村规划的主要思想体系。

公共空间还有水口、村口。这都是村子对外的标志，是进出村子的门户。南方水多，因此水口就成为村与村的重要界别之一。北方干旱，村子出入口就称呼为村口。村口大多有牌楼作为地理标识，牌楼有木、砖、石材等，飞檐斗拱、雕梁画栋，门额上有村名。有的牌楼旁还有高大的槐树、皂角树。树木翳翳，鸟儿栖在枝头，啾啾欢叫，幽美安逸。夏夜，乡亲们在村口纳凉，沏一壶酽茶，老爷爷摇着大蒲扇惬意地躺在躺椅上，时而传来蛐蛐叫声，和着青蛙的呱呱声，组合成夏夜奏鸣曲……赶路的客人亦可在牌楼下歇脚、吃干粮。到了云南、贵州、四川一带的少数民族地区，比如，苗族、侗族的村口大都有寨门，由吊桥、风雨桥相衔接。有的风雨桥上下两层，一层行人，一层行牛马车辆，生动盎然。

水井畔、小溪旁同样是不可忽视的乡村公共空间。北方河流少，关中一带村民吃水靠井水，井的深度从30米到80米不等。清早，晨雾尚未散尽，男人们挑着扁担，挂两个水桶，晃晃悠悠来打水，在井畔抽袋旱烟扯些闲话，谁进城买了件新衣裳，谁家媳妇肚子大了，谁家猪圈里多了一窝猪仔，半夜里给牛填草碰见鬼了……鸡毛蒜皮地交流着。一不留神过了半响，水还没打哩。老婆在家等不及了开始吆喝，大老远都能听到。性子急的干脆打发孩子来喊爹……谝闲话正在兴头，一声吆喝吓一跳。扑通！桶掉井里了，引来大伙一阵哄笑。在这些村子，井畔就是村民交流思想的公共空间。在江浙安徽一带湖区，湖泊连着河流，乡亲之间的交流空间又不同于北方农村。杜甫诗云："清江一曲抱村流，长夏江村事事幽。自去自来梁上燕，相亲相近水中鸥。"水流绕村而过，宛如姑娘的飘带一样委婉动人，姑娘、媳妇们在河畔、溪旁、湖边的石头上搓着爷们儿的衣裳，东家长西家短地闲聊，嬉笑声、打骂声被哗啦啦的流水击碎了，一路欢声笑语流向远方……

明清时期，在福建泉州、漳州，还有广东、江西等山区流行建造一种特殊的住宅——围屋。围屋是客家文化中著名的民居建筑，它结合了中原遗风以及南部山区的文化特色，既是抵御外来入侵的屏障，也凝聚着宗族、村民的精神，已被纳入世界文化遗产。围屋主体结构为"一进三厅两厢一围"，有圆型、方形等，一个围屋就是一个世界，围屋内住着同族的人，甚至整个村子的人。开阔的中庭院落就是乡亲的公共空间，无论是晒被褥、打稻子，还是纳鞋底、绣花，都在这里完成，大家共同维护围屋的内部秩序。城市里的公共建筑千姿百态，而且工艺先进、科技含量高，但真正能和城市文化融为一体、和谐共生的建筑却不多，能促成人与人之间亲密相处、荣辱与共，具有向心力的建筑更是少之又少。现代建筑具有疏远、冰冷的感觉，无法构成熟悉的亲近感，城市广场上，不同的人时聚时散，形成一个既熟悉又陌生的社交氛围。城市建筑在不断拔高，赤裸裸地坦露着人的欲望。人类在向前奔跑的同时，是不是该停驻片刻，回望一下流逝的年华、失落的乡愁？

鲁迅先生在《社戏》里记述了乡下看戏的乐趣："至于我在那里所第一盼望的，却在到赵庄去看戏。赵庄是离平桥村五里的较大的村庄；平桥村太小，自己演不起戏，每年总付给赵庄多少钱，算作合做的。"赵庄能修得起戏台子,一定是个大村子。在这里,戏台子和城里的电影院、美术馆、体育场一样属于公共空间,是乡亲们交流心得的重要场所。社戏是乡下很有趣味的集会,吸引少年鲁迅月夜行船,船头看戏,午夜归航。在作者眼中,"最惹眼的是屹立在庄外临河的空地上的一座戏台,模糊在远处的月夜中,和空间几乎分不出界限,我疑心画上见过的仙境,就在这里出现了。"远山淡黑、月光皎洁、水流潺潺,水乡美景哗啦啦流过。转瞬间半个多世纪过去了,一些富裕起来的村子纷纷重建戏台子,这一古老的民俗文化焕发出新生机,成为乡村一道亮丽风景。

"大跃进"和人民公社运动热火朝天的年代,村里将家家户户的农具、牲口、锅碗瓢盆集中起来,说是要吃大锅饭,所有的牲口也被集中起来,由几个有经验的村民统一饲养。饲

■ 这样有特色的入户门还有吗

养牛马的地方有个新名称——饲养室,牛马和人吃住都在饲养室,饲养室就成为村子的政治、经济、文化中心。饲养室旁边是村委会办公室,通常都在树杈上挂一口铸铁大钟和高音喇叭,大清早铃一响,村民就得出门干活挣工分。喇叭里每天播放着各级领导的重要指示,村民席地而坐,听村长讲话。

在欧洲一些国家,乡村的公共空间是围绕教堂展开的。教堂一般位于村镇中心,敲钟人每日不疾不徐地敲着,把人的欢乐和苦难都带向天际。饲养室和教堂虽然风牛马不相及,但都承担了乡村公共空间的角色,舒缓情绪,传播信息,观望政治变幻。

公共空间是乡村本体价值的重要表现,它的消失意味着传统的乡土结构和身份认同的解体。城市里单元房之间的人际关系肯定不如村里邻里之间的关系紧密。公共空间将乡下人有限的生命融入永恒的建筑中,起到身份甄别和文化寄托作用。祖祖辈辈的重大活动都曾围绕公共空间展开,墓地、祠堂、

石质牌坊雕刻精细，保存较好

这些都是乡土中国的重要元素，它们若在平坟、砸烂祠堂的运动中一旦消失了，是否意味着传统文化的消亡？复杂的乡村社会问题是否与公共空间消失存在某种联系？公共空间见证了时代变化，城镇化推动公共空间演变为社区活动室、大广场和公园……社区活动室内麻将桌、跑步机、电视机等一应俱全，设施虽然完善了，但似乎再也找不回少年鲁迅坐着乌篷船去看戏的闲情逸致了。乡土味散尽之后，是些许说不清道不明的乡愁。是耶？非耶？因此，新农村建设不能简单理解为经济建设，更重要的还有精神文化建设，特别是公共空间的规划建设，一个都不能少。因为，这是我们的乡土，也是我们的家园。

桩基

7. 乡关何处

有人认为，在乡村能感受到一个民族的高贵情感——爱、善良、淳厚、朴素、感性。在人类适应和改造、利用自然的过程中，乡村首当其冲受到冲击和破坏。有学者认为：科学技术发展最为迅猛的时代，往往也是环境破坏最严重的时代。从17世纪起，西方国家经历了殖民主义的黄金时期，是文艺复兴把人的思想从宗教桎梏中解放出来，工业革命又促使科学技术大踏步前进。人们掠夺自然获得了超额利润，随之环境问题接踵而来。人类社会发展到今天，环境问题已上升为困扰世界各国的难题。但是，人类对自然的不合理开发甚至掠夺依然有恃无恐，变本加厉。1962年，美国海洋生物学家、现代环境保护先驱蕾切尔·卡森《寂静的春天》出版后，她和她书中体现的环保精神感染了美国前副总统阿尔·戈尔，他评价卡森："她唤醒的不止是我们国家，还有整个世界。《寂静的春天》的出版可视为当代环境保护的起始点，《寂静的春天》犹如一道闪电，第一次向人们显示出什么才是我们这个时代最重要的事情。"

从1962年至今，人类又走过了半个多世纪，人类对世界的认识也越来越清晰，环境保护成为各国共识，政治家们也开始反思。但是自然环境的破坏是伴随着自身利益的膨胀而日积成疾，或许开发之初人们已懵懂意识到可能会造成环境危机，但当收益期望值远远大于环境成本时，两利相遇取其重，两害相遇取其轻，人类就不会停止攫取的步伐。现代工业文明越进步，人类付出的环境成本就越高，当人类带着征服自然的傲慢，标榜文明进步的时候，恰好是环境保护问题最为严峻的时候。

和发达国家经历过的一样，我国环境也存在掠夺式开发。掠夺性开发完全漠视自然规律，"以人类为世界的中心"，视万物为刍狗和随意征服利用的对象，竭泽而渔，这必然导致物种减少、土壤沙化、森林消失、大气污染,沙尘暴、泥石流、地震、飓风等自然灾害频繁发生,SARS、埃博拉病毒、禽流感等传染疾病肆虐。自然环境遭到戕害后就会以另一种形式来报复人类的肆意妄为,而修复平衡则往往需要几年、几十年甚至几个世纪。

有人感慨:"缺什么喊什么是当下社会中的普遍又被人无视的现象,当我们声嘶力竭呐喊回归传统文化时,正是传统文化遭受严重危机时,当呼吁回归自然时,也恰好是自然伤痕累累之时。"向前冲与回头望其实一点儿也不矛盾,适当放缓脚步能避免仓促地误入歧途,人类困在钢筋水泥盒子中时间太久了,是该放缓脚步反省得失了,文明进步不是开赛车,不比速度,要比幸福指数。人类的幸福究竟该怎么衡量更为合理,究竟是手握重金在觥筹交错中穷尽心思发财的资本家,还是手握长矛在原始森林中疾奔追赶猎物的原始部落?这谁又能说得清呢?

城镇化让更多农村人走向城市,但在城市生活久了却怀念农村生活。人就是这么矛盾。中国历史上,乡村和城市之间一度差别不大,几乎是同步发展的,所以致仕、归隐大多数可以在城市和乡村之间自由转化,没有太多障碍。这就有了陶渊明的归园田居,有了王维的辋川别业。建国后,"城乡二元结构"导致城市和乡村的距离越拉越大,一方面是城市高度物质化，另一方面却是乡村日益凋敝。城里人对乡村怀有鄙视姿态，而不在乎是否休戚与共、血肉相连、共同发展。人从土地里走来，最终要回归土地，因此更应遵循自然规律，共同改善乡村环境。大城市早已不堪重负，交通拥堵、环境恶化，当人们开始厌倦灯红酒绿时，至少还保留了乡村这么一个安静的栖息之处，这该多好啊！一个人在生机勃勃的田野中奔跑和在水泥丛林中踯躅，感觉是完全不一样的。

关中老院子改造成的酒坊

第三章　乡愁经济学

1. 乡土成了时尚

有个做地产策划的朋友写了篇文章——《周末，城市人去哪儿》，他在文中感慨城市人的周末比平时更无聊，吃饭、喝茶、看电影、逛街、购物、公园散步……看似丰富实则乏味单调。于是，每到周五就酝酿着去郊外兜风，呼吸新鲜空气或者吃农家饭。其实，有这种想法的城市人不在少数。于是，到了周末，一家老小开车去乡下看风景成了时尚，乡村一下子火了起来，到处都是庄园、休闲景区、创意农庄。2014年春，有个周末风和日丽，一大早，我正踌躇如何消磨时光时，朋友打来电话，邀约去他老家摘樱桃。于是带上孩子欣然前往。朋友老家位于西安市以东的白鹿原上，白鹿原沟壑纵横、四季分明、日照充分，浐河、灞河像两条漂亮项链绕其间，相传汉高祖刘邦曾在白鹿原狩猎，汉窦太后（汉景帝的母亲）薨后与文帝合葬于此，她在世时辅佐文帝、景帝和武帝三位帝王，是一位雄才韬略的"女汉子"，在她影响下，西汉政权沿袭"无为而治"政策。沿着浐河、灞河两岸还有新石器时期和商周文化遗址，这里也是著名小说《白鹿原》的原型地，历史文化深厚。现在，当地政府为了搞活乡村经济，大力发展樱桃产业，规划了3万亩樱桃园。每到樱桃成熟季节，樱桃园里欢歌笑语、人流如织，农业观光一下子成了当地的主导产业。

汽车一路蜿蜒前行，透过车窗，远处的城市建筑就像山峦般起伏不定，路两旁的樱桃园在阳光照耀下显露着生命的力量，沿途人声鼎沸。今年雨水多，樱桃收成不好，价格也比往年贵一些，在园子采摘一斤也要

10至15元。在朋友亲戚家的园子，有种黄色樱桃虽然长相不咋样，但味道极甜。一般顾客重外观而忽视口感，因此对这种黄樱桃嗤之以鼻。去年我来过，知道其中奥妙，就怂恿着同行朋友摘黄樱桃。雨后的田间泥泞不堪，但孩子们觉得好玩，不知疲倦地跑来跑去。朋友发条微信引来电话不断。采摘其实一点儿也不轻松，但城市人却乐此不疲，确实如戏言"买的不是水果，买的是体验啊"！如果说周末喝咖啡、看电影，那不过是寻常生活而已，早就过时了，农事体验才是城市人的新潮玩法，想想"带月荷锄归"的架势，在葡萄架下品着红酒，玩一次偷玉米的游戏，这才是人见人馋的体验旅游。

城市文明建立在消费基础上，城市像一头永不满足的怪兽，每天吞噬着由各种农产品加工而成的食物，于是人们建设了集市、镇子、城堡、城市、特大城市，这些都是为了获得交换需求，但最终还是要回归朴素的生活。在现代交通工具帮助下，城市人不远万里到青山翠谷中寻找绿色，这成为推动乡村旅游最主要的原动力。有一次，我参加一个朋友聚会，席间有人大谈特谈土地租赁，他花了大半年时间走遍了省内条件好的农村，终于在关中渭北塬上承包了几百亩耕地，并一次性租了30年。他在园子里栽了石楠、白皮松、银杏、国槐、红枫、玉兰等名贵树木，在林木间套种蔬菜，不用化肥而施农家肥，散养了鸡鸭鱼鹅，日常接待城里来的朋友、游客，现在生意越来越好。就目前来看，我国虽然进入中等收入国家行列，但发展不均衡，城乡差距量大面广，资本下乡成为趋势，土地将会越来越多集中到有钱人手中，中国人多地少，土地永远都是紧俏商品，谁拥有土地，就意味着拥有保值增值的财富。相比城市，乡村有着得天独厚的生态优势，这也是乡村旅游兴盛的主要原因。

1685年，美国人威廉·佩恩就提出"新城市要成为一个绿色的乡村城市"。城市大同小异，离绿色越来越远，而乡村却是绿的世界、绿的海洋。乡村绿得质朴，绿得温情，绿得无拘无束。乡村旅游要占用大量耕地、林地、沼泽、湖泊，做好了就是城乡统筹范例，做不好就成了城市房地产的翻版。第二次全国土地调查数据显示：截至2013年底，全国耕地总数是20.27亿亩，但因部分重度污染、部分需退耕还林等原因，只有18多亿亩适宜稳定利用，因此必须严守18亿亩耕地红线，13年间我国城镇用地增加4178万亩，占用的大多是优质耕地，使优质耕地减少较快，仅东南沿海5省就减少了水田1798万亩，相当于减掉了福建省全省的水田面积。上海、天津、海南、北京可供开垦的未利用土地接近枯竭，江苏、安徽、浙江、贵州等省也都很有限，建设占用耕地的补充难度大、数据惊人。因此，我们在享受绿色的同时还要对土地心存敬畏，时刻保持"但存方寸地，留与子孙耕"的警惕，把环境留给未来，把乡愁留给子孙。

农家小院一隅

用传统工艺榨油

2. 旅游的乡土性

英国作家 Paul Barker 起初对郊区不了解，但是他后来狂热地爱上了郊区，他在著作《郊区的自由》中大加推崇郊区生活："在英国至少有80%的人生活在郊区，在急于谴责郊区现象之前，最好先去理解它。郊区通常是最有活力、最富创造力的部分——一块自由之地。"城市既是创造价值的地方，也是消费主义泛滥之地。但 Paul Barker 却说："郊区对我来说是一片未知的领域，就像19世纪人们探索非洲大陆一样。不同的是这里没有龙，没有大象，却有朝霞下的花园大门，还有遍地的女贞。几乎所有的现代都开始一窝蜂地大规模建造房屋，这是一个彻头彻尾的失败做法。"郊区和乡村一度是贬意词，现在则成了优雅的代名词。城市高楼林立，社会问题层出不穷。相比之下，郊区和乡村远离这些困惑，"不汲汲于富贵"，"昼出耘田夜绩麻"，以生命深处的土、生命深处的绿和生命深处的愁，召唤着疲惫的鸟儿早日归巢。田野里，金黄的麦穗压弯腰，农家小院里鸡飞豕走、狗吠蛙鸣。乡村不张扬也不浮躁，始终以"仁者不忧，智者不惑，勇者不惧"的坦然和喜悦，应对日升日落、风云变幻。城市要么成功，要么失败，而乡村的树木还是那些树木，燕子还是旧时燕子，不为外部世界变化而鼓噪不安。这，难道不是乡村的成功之处吗？

乡村旅游是基于人们对自然的热爱、对绿色的憧憬和对田野的期盼。1994年，欧盟和世界经济合作与发展组织这样定义乡村旅游："乡村旅游（Rural tourism）是发生在乡村的旅游活动。""乡村性是乡村旅游整体推销的核心。"也有专家认为："乡村旅游是以乡野农村的风光和活动为吸引物，以都市居民为目标市场，以满足旅游者娱乐求知和回归自然等方面需求为目的的一种旅游方式。"我认为，乡村旅游是以乡村田园风光为旅游对象（包括优美的田园景色、四季农作物的变换、风格各异的建筑群落、特色的农家小吃、原汁原味的民俗活动、瓜果的采摘等），以城市游客和新兴的城镇居民为目标群体，以自驾旅游为出行方式，以体验农家乐趣、回归自然、释放精神压力为目的的休闲游憩活动。乡村旅游包括民俗文化、建筑文化、饮食文化、服饰文化、农业景观、农事活动等；乡村旅游的主要特点是绿色感悟、田野趣味、饮食乐趣、体验快乐和收获喜悦。

20世纪90年代前，旅游市场主要是旅行社主导下的线路旅游，产品是城市景点、名山大川等知名度较高的常规产品，具有旅游线路单一、产品更新换代慢、随团旅游强迫消费等弊端。随着人均年收入跨入3000美元大关，消费者眼界开阔了，对旅游产品期望值高了，常规旅游线路吸引力不断下降，国外乡村旅游理念被国人熟悉接受，于是诞生了现代意义上的乡村旅游，这种新型旅游模式最初出现于一线城市，到了20世纪90年代后期迅速普及，这个阶段适逢城市扩张期，城市就像大工地，人舒缓压力的空间发生变化，传统旅游产品提不起人的兴趣，不赶景点、不扎堆、体验、放松的旅游产品开始主导旅游市场，休闲观光农业应运而生。1989年，台湾率先提出"休闲农业"概念；2002年，台湾将休闲农业纳入产业规划，避免无序开发破坏生态环境。而休闲农业在国内的发展和城市扩张太快、环境恶化不无关系。大城市交通拥堵、生活紧张、休闲方式单一，田园生活闲适、压力小，节假日吃农家饭，睡农家炕，体验农家生活成为一部分城市人的周末休闲方式，这种消费需求成为推动农业旅游井喷的原动力。再加上全国实施乡村道路硬化工程，降低了节假日出行通勤成本，私家车普及，春节、清明、五一、国庆节、中秋节，3至5天的短期节假日不长不短，短途旅游既无舟车劳顿，还能玩好，各种因素的结合促使农业旅游"忽如一夜春风来"，形成度假、休闲、观光、体验农耕园区建设热潮，经过探索和自然筛选,全国已形成多种发展模式并举的局面。2000年后,国家旅游局因势利导,开始试点"全国农业旅游示范点"系列活动,2006年确定为"中国乡村游"主题,各地都在大干快上农业旅游项目,旅游设施普遍改善。

休闲观光农业通过旅游主题规划,形成集生态、农业、旅游为一体的新兴产业,依托的是自然风光、桥、林、河、路、农作物等基本农业元素,还有古镇、古村落、特色饮食、民俗文化等文化元素,并将这些元素有机结合,形成集自然风光、农事活动、科技示范、环

关中老油坊成了旅游景点

境保护、文化探秘等为一体的新型农业旅游项目，使游客身处其中，体验农业艺术和自然情趣。休闲观光农业打破了农业封闭、单一的形态，延伸了农业链条，拓展了农业功能，从而成为乡村经济新的增长点。但无论哪种农业观光休闲方式，都是以绿色、生态、环保为基础，以农业资源有效利用为目标，以现代设施和科技创新为动力，以采摘游憩、农耕生活体验为导向，集农业生产深加工和观光旅游为一体的规模经营。因此，一些具有观光旅游特质的乡村既是高效农产品推广的基地，也是发展综合性乡村旅游集散地，具有多样性、包容性的特点。从产业优化角度分析，休闲观光农业能有效调整农业结构、改善农村环境，增加农民单位土地面积上的收入，因此，保护好乡村旅游的核心资源成为当务之急。

约翰·列侬曾说："当我们正在为生活疲于奔命的时候，生活已经离我们而去。"城市人赶着时间拼命赚钱，但是有钱了不见得就快乐了，反而更焦虑了。于是，流行怀旧。霍金说："人类是唯一被时间束缚的动物。"让生活慢下来成为城市白领千方百计追求的生活方式，而搭慢生活顺风车的城市越来越多，丽江、拉萨、腾冲、哈尔滨……有的甚至标榜为"西部慢城""东部慢城""中国慢城"。事实上，按照"慢城"标准，我国大部分乡村都可以被划入"慢"的范畴。慢，是姿态，更是生活方式，一直是乡村最显著的特点，无论外界风雨缓急，乡村不疾不徐，悠悠然有着慢的乐趣："黄梅时节家家雨，青草池塘处处蛙""深林人不知，明月来相照""稻花香里说丰年，听取蛙声一片"，在清凉的露水里、在沙沙的落叶中完成生命轮回、春夏秋冬。

3. "去城市化"的理论核心

传统旅游业在艰难中寻找突破口。

移动互联颠覆了传统旅游业。现在80后、90后年轻人的出行方式完全是通过网络完成，他们通过移动终端，在携程、途家、到哪儿、途牛网等网站定机票、酒店、景点门票，自己设计路线，边玩边发帖，介绍风土人情、分享旅行感悟、评点特色美食。除此之外，还有一种业态——定制旅游。定制旅游具有小众、高附加值的特点。我有一朋友开发了专业定制旅游网站——自驾中国，设计了许多特色线路，包括巴马访茶之旅、草原马头琴之旅、禅宗之旅、奇幻森林之旅和沙漠冲浪之旅等，共100多条特色线路供客户选择。由于故事讲得好，吸引了风投关注，已完成500万的A轮融资计划。无论是自助游还是定制游，旅游必须身临其境，而不能在网络虚拟世界完成，因此吃、住、行、游、购五大基本要素一个也不能少。乡村旅游作为一种新兴的旅游业态，同样离不开这五大要素，但只有超越这些基本要素才能从"红海"走向"蓝海"。每逢节假日，浩浩荡荡的旅游大军涌向乡村田野，假如给每个人身上安装上定位仪，就会在卫星地图上惊奇地发现，每个城市都像一颗巨大的烟花，每到周末或假期，城市人群迅速扩散到城市周边甚至更远地方，这是中国社会有史以来最壮观的迁徙活动，乡村成为城市人群往复迁徙的重要区域，这一点耐人寻味。

国家旅游局对蓬勃发展的乡村旅游做了分类，基本概括了目前乡村旅游的现状和运作方法，分别是：一、乡村度假休闲型（"农家乐"型）；二、依托景区发展型；三、生态环境示范型；四、旅游城镇建设型；五、原生态文化村寨型；六、民族风情依托型；七、特色产业带动型；八、现代农村展示型；九、农业观光开发型；十、红色旅游结合型。① 这10大类乡村旅游模式具有许多共性：一是感悟田园风光；二是品尝农家饭菜；三是体验农事采摘；四是欣赏乡村建筑、风俗节庆；五是运动健身。

  无论上述哪一类乡村旅游都离不开"乡土"一词，而在"乡土"中，民俗又是重要组成部分。民俗起源于人类社会生活的需要，是不同民族、时代和地域中不断形成、扩大和演变而成的文化。"几多民俗熙熙乐，似到老聃台上来。"（《和范希文怀庆朔堂》，宋·毕京）中国地域广阔，民俗差异大，因此对城市人具有很强的吸引力，民俗就构成了乡村旅游的重要卖点。陕西礼泉县袁家村距离西安100多公里，20世纪80年代初只有一百来户人家，在村书记的带领下发展乡镇经济，办水泥厂、砖瓦厂，虽然没有大邱庄、横店名气大，但在陕西农村中也是翘楚。这几年工业不景气，但旅游却火了，一年四季人流如织、车水马龙，一条街巷百余米长，宽不足六米，两边全是土坯房和木板门，簸箕、辣椒、玉米串子点缀在墙上，置身其中让人仿佛回到20世纪80年代的农村。地方虽然狭小，但家家户户生意却很好，个个忙得满头大汗、脚不沾地，喜悦也挂在脸上。放眼望去，陕西风味小吃油糕、臊子面、鱼鱼、辣椒

---

① 国家旅游局：《发展乡村旅游典型案例》，中国旅游出版社，2007年1月版。

面、肉夹馍、甑糕、麻花……让人眼花缭乱，馋得流口水。有一家用传统工艺制作豆腐，游客在柜台前排成长龙，争先恐后就为买一块豆腐，喝一碗豆浆。当然，不是所有村子都适合走复古这条路，仿效多了就成了恶性竞争。目前，在全国范围内的乡村旅游已经出现了同质化倾向，一窝蜂上马的农家乐大多粗制滥造，农产品深层次开发不够，产业结构不合理，农产品农药残留高。要改变乡村旅游的无序竞争状态，就需要政府科学规划、合理引导、加强培训，盲目发展乡村旅游最终受损的还是农民。

乡村和城市如同硬币的正反面，彼此依存、共同发展。"乡土性"是乡村旅游的核心竞争力，是"去城市化"的理论核心。如果乡村风景和城市风景一样了，乡村旅游就失去了意义，人们在城市里看风景就好了，何必舍近求远呢？因此，在经历了粗放的乡村旅游竞争阶段之后，乡村旅游进入规范有序的发展阶段。首先是宜居、现代，乡村不应是脏乱差的代名词，要交通便利、环境优美、饭菜可口、舒适整洁。农家乐要有独立

这样的老醋坊是不是很吸引人

卫生间和洗澡设施，相信印着碎花的桌布总比油腻腻的台布更能留得住游客。其次要走差异化路线。"竞争战略之父"——美国人迈克尔·波特（Michael E. Porter）认为差异化竞争（Differentiated Competition）就是企业在竞争过程中对提供的产品或服务实施差异化战略，树立企业在行业之内的独特竞争力。差异化要求产品具有排他性特点，最忌讳的就是千篇一律。旅游归根结底还是要提供差异化产品供游客选择，乡村旅游不是高枕无忧的保本生意，竞争同样很激烈，"几家欢乐几家愁"将成为常态。总结规律无外乎是地理位置、环境、饭菜、待客之道等的竞争，如何让农家小院差异化才是发展乡村旅游的王道。当然，要具有差异性就需要用心思琢磨、用时间来打理、用主人的热情去呵护。

划分标准	类型	举例或特征
地理位置	城郊型	位于大中城市附近,为满足城市巨大的旅游需求,在原有农业和现代农村聚落景观基础上,融入现代科技、现代美而发展。
	边远型	一般交通不便,这种类型大多有丰富的旅游资源,借此发展旅游业。
旅游核心资源	景区边缘型	在著名风景区的边缘,主要可以结合风景区,依靠现有的一些旅游资源和景区的客源来发展。
	传统观光型	以不为都市人熟悉的农业生产过程为卖点,在城市近郊或风景区附近,开辟特色果园、菜园等,让游客入内采摘、观赏,享受田园乐趣。
	都市科技型	以高科技为主要特征,在城内郊区等建立小型的农、林、牧生产基地。既能为城市提供时鲜产品,又能结合农业生产与科普教育。
	休闲度假型	利用不同的农业资源,如森林、果园等,吸引游客前去度假,展开农业体验、自然生态领略、住宿度假等各种休闲度假活动。
按村落形态划分	水乡型	村落内水系纵横,建筑大多临水而建。如江南水乡村落,上海嘉定区毛桥村、金山区画村等。
	山地型	村落依山而建,有明显地势落差。如浙南山区的丽水松阳县安民乡村,及部分少数民族村落如浙江桐庐莪山"畲乡山寨农家居"乡村旅游。
	荒漠型	如甘肃地区的高原、荒漠中的村落,陇东黄土高原区的窑洞民居,藏西北羌塘高原荒漠村落等。
	滨海型	村落位于海边,充分利用渔村特色,如上海崇明岛前卫村、瀛东村,三门三特渔村,舟山沈家门渔港。

图表资料来源:
韩飞、林峰:《游在农家:沪地"农家游"模式解读》,中国社会出版社,2008年4月版。

4. 乡村景观是乡愁的重要元素

城市和乡村的不同在于劳动生产方式的差异，由于劳动者依赖的劳动工具、劳动地点和劳动方式不同，因而形成了不同的景观。城市是集约化生产场所，城市目的在于交换，城市劳动者的劳动强度和劳动时间受到法律保护。乡村目的在于生产农产品，农民劳动对象是土地，劳动强度和劳动时间不受法律限制。这些不同形成乡村和城市具有不同的景观，欧洲中世纪的乡村和城市最大的相同点在于都是以教堂为重点景观的聚合布局，无论村、镇还是城市都有教堂。教堂是人们寄托灵魂的地方，耸立的教堂将乡村和城市的景观完美统一起来。中国古代村落和小城镇也有类似的精神符号，就是祠堂、庙宇、牌坊，无论大小村都有这样的景观。这是由中国人的价值观、宗教观所形成的建筑景观。

1872年，美国人阿瑟·亨德森·史密斯来到中国传教，他走访了山东乡村，回国后撰写了《中国的乡村生活》一书。他近距离观察着近代中国乡村变迁，他眼中的中国乡村是凋敝的，窑洞是阴暗的，土炕是不卫生的。他认为："如果中国城市的面貌不那么吸引人的话，外国游客也不必期望在农村找到什么建筑来满足他的审美需求。"史密斯一叶障目不见泰山，他并没有深入研究中国乡村文化，就戴着眼镜（有色的）躲在上海有冷气和地毯的房间内写下了这些文字。他如果有幸在唐开元年间或者是乾隆年间来到这个东方国度，估计就乐不思"美"了。"泥融飞燕子，沙暖睡鸳鸯""绿树村边合，青山郭外斜""稻花香里说丰年，听取蛙声一片""借问酒家何处有，牧童遥指杏花村""屋上春鸠鸣，村边杏花白"，这些诗中既有乡村的静谧、和谐、喜悦，也有与世无争、朴素无华的恬淡景观，对中华文化一知半解的史密斯怎么能体会到其中意境呢？

按照研究者对乡村景观的规范表述："乡村景观是乡村地区范围内经济、人文、社会、自然等多种现象的综合表现。"追根溯源，世界上无论哪个文明都最初诞生于乡村，最后才走向城市。美国地理学家索尔认为人类社会农业最早发源的地方，比如美索不达米亚平原、两河流域、尼罗河流域、黄河流域既是农业最发达的地区，也是人类文化的发源地，因此产生了文化景观，这种文化景观是"附加在自然景观上的人类活动形态"，也被称为农业文化景观。后来在20世纪70年代，德国地理学家博尔恩系统阐述了乡村景观的内涵，认为乡村景观包括文化、经济、社会、人口、自然等因素，他还认为构成乡村景观的主要内容是经济结构。

国外乡村景观研究的经验包括五个方面：一是乡村生态环境条件评价；二是乡村土地利用及其变化；三是乡村经济结构及地区布局；四是乡村人口密度、文化水平对乡村景观的影响；五是乡村景观类型、主要特点、形成过程及其变化趋势。我们一般所说的乡村景观主要是地理景观和人文景观，地理景观泛指具有审美情趣的地理表象，包括自然风光、湖泊森林、荒漠草原和高山峡谷等。人文景观泛指乡村传统建筑、民俗表演、民间工艺、民间传说、民间曲艺、民间谚语和民间制造等包含了人类改造活动的人文地理风景。乡村景观是发展乡村旅游的核心资源，脱离了这些核心资源，乡村旅游就成了无源之水。当然，相比城市景观，乡村景观单调、缺少变化，不像城市有精致的店

房子是关中老房子，装饰品是乡村日常生活用具。

铺、闪烁的霓虹灯、热闹的夜市、繁荣的商业和喧嚣的街道。乡村"十里不同俗，八里不同乡"，乡村景观的特点是绿意盎然、空气洁净、民俗荟萃、生态环保，这些核心资源一旦被破坏就很难恢复，如果未来的乡村一模一样了，在激烈的乡村旅游竞争中就有风险。要想脱颖而出，就要保持本色、强调差异、体现特色。

本书在第三章第三小节总结了乡村旅游的类型，如果从主题角度划分，乡村旅游也有九种模式：（1）主题农庄型；（2）文化遗产保护型；（3）乡土建筑型；（4）民俗体验型；（5）主题文化村落型；（6）商务度假型；（7）休闲养生型；（8）农业景观型；（9）交叉复合型。目前，乡村旅游处于无序竞争阶段，无论是哪种模式都存在仓促上马和"一窝蜂"现象，许多项目缺乏严格调研周密论证和规划指导，简单粗放、景观单一、缺乏特色、环境污染大。这些弊端制约着乡村旅游的可持续发展，甚至可能导致生态环境遭受二次破坏。多年前，美国建筑师赖特针对城市中雷同的建筑倾向提出批评："一个建筑师要学习的领域首先就是对自然的尊重。"乡村旅游更要尊重自然，尊重万物有序、生命轮回的规律，尊重既有的山、水、桥、林、路、田、园格局，在规划时尽量保留乡村肌理、历史文化和风俗习惯，适度开发，避免单纯追求经济效益而破坏自然村落的历史风貌和生态环境，尽量减少农民经营土地的风险。

乡村博物馆

5. 乡村博物馆的发展脉络

我的老家位于关中平原，这里自古以来就是重要的农业灌溉区。史料记载：西周时期关中就出现了小型农田水利灌溉工程，"关中之地于天下三分之一，而人众不过什三，然量其富，什居其六"。战国、秦、汉之后又修筑了大量的水利工程，像郑国渠、白渠、樊惠渠、三白渠等著名灌溉设施都是沿着关中平原一路东去。小时候，在田野里野蛮成长，在阳光下干活，瓜田里酣眠，无拘无束，对农具驾轻就熟。磨盘、碾子、犁、耧、耙耱、纺织机、铡刀、叉、马车、簸箕、筛子、镰刀、馒头等农具，家家户户都有。20世纪80年代中后期，关中平原地区农民耕种普遍采用机械化，大多农具被搁置在屋檐下，常年不用，布满了蛛网，有些在风吹日晒中损坏了，最后不得已就拆卸了当柴火用。2013年夏天，同学说县城附近有个农耕博物馆开张，邀请我去体验一下农村生活。这让我想起多年前去苏州甪直的经历。我们一行六人去甪直考察，循着路标一路逛到当年吴东地区首屈一指的万盛米行旧址，寻找叶圣陶《多收了三五斗》的记忆。在"耒耜堂"见识了江南旧式稻耕农具和谷米器具，比如稻桶、稻床、杖打、洗柴棒、汰篮、竹筛、木斋、杵臼等林林总总上百件农具。有的农具历史甚至超过5000年，这些农具记载着中华民族的历史进程，从刀耕火种的原始农具到木竹铜铁的进步，再到大型机械工具的使用，经历了漫长的历史演变过程，这些"老态龙钟"的农具就是人类文明的见证者。

好了，再回到农耕博物馆。博物馆位于县城附近的村子里，需要七绕八绕才能找见，但慕名而来的游客络绎不绝。博物馆占地约5亩，乍一进入就让人大吃一惊，小时候司空见惯的农具齐刷刷跳入眼帘，织布机、纺线车、锄头、木夯、风箱、马灯、陶瓮、"永久"牌自行车、20世纪60年代的旧报纸、嘎吱作响的放映机，一下子把人的记忆拉回从前。一辆嘉庆年间的大马车也被刷上新油漆，威武地横在展厅门口。博物馆的展陈虽然缺乏专业博物馆的严谨，藏品分类不清晰，但凝聚了收藏者的心血，让人不由得暗自称奇。后来查了相关资料，发现在全国类似这样的乡村博物馆还真不少。2003年，山西长治市张庄就有农民搜集了大量的民间农具，办起农具博物馆。乡村博物馆是社会发展到一定阶段的必然产物，它的兴起是社会进步的表现，随着农耕时代的消失，一些老农具被关注、收藏，这就自发形成了以农业为题材的博物馆。

2008年，浙江安吉县开始生态博物馆的实践活动。安吉县的生态博物馆区由1个中心馆、12个专题生态博物馆和26个村落文化展示馆组成，覆盖全县，据说是世界上规模最大的生态博物馆群。在距离云南腾冲60多公里的新庄村，建筑师的乡村实验项目——手工造纸博物馆让这个小山村名扬海外。手工造纸博物馆由木头、火山石等当地建筑材料建造，融合了现代艺术与传统材料。2012年，该建筑获美国《建筑实录》(Architectural Record)杂志评出的"最佳公共建筑奖"；2013年4月入围阿卡汗建筑奖。

一个小山村因博物馆而名声鹊起，让游客纷至沓来。这是为什么呢？游客不远万里来参观，难道仅是看稀奇？不排除这方面的原因，但更重要的还是那句老话："民族的才是世界的。"深耕在乡土中国的文化不亚于城市文化，而且具有国际性。在成都市大邑县同样有一家著名的民营博物馆——建川博物馆聚落，这是日本建筑大师矶崎新的作品。博物馆占地500亩，以抗战、民俗、红色年代为主题，现在已成为旅游热点。此外还有保存民间建筑和民俗的博物馆，位于秦岭北麓五台古镇的民俗博物院收藏了上万件（套）关中地区历代民俗物品，集中反映了关中地区的劳动、居住、习俗、风情等历史风貌，这些博物馆在保留文化的同时也带来了可观的经济效益。

民营博物馆在国外比较发达，但在我国尚属于起步阶段。1981年3月22日，上海"陈氏算具陈列馆"向大众开放，标志着民间家庭收藏馆在中国出现，此前博物馆全属国有，神秘，高不可攀，离普通老百姓日常生活比较远。现在民间博物馆雨后春笋般突破体制障碍发展壮大，并成为我国博物馆发展史上的独特现象，这是社会进步的表现。许多博物馆进入社区、村子，和老百姓日常生活联系起来了，这才真正发挥了"文化化人"的作用。

1999年，国家民政部发布了《民办非企业单位登记暂行办法》，规定民办博物馆按民办非国企单位申请登记，从此民办博物馆才有了合法身份。2006年1月1日起施行的《博物馆管理办法》规定："……博物馆，是指收藏、保护、研究、展示人类活动和自然环境的见证物，经过文物行政部门审核、相关行政部门批准许可取得法人资格，向公众开放的非营利性社会服务机构。"2010年1月29日，国家五部、二局联合下发《关于促进民办博物馆发展的意见》，肯定了民办博物馆是"促进文化大发展、大繁荣，建设和谐社会的一支重要力量"，民办博物馆从此迎来了发展的春天。毋庸置疑，博物馆藏品是社会财富，最终都要流传下去，从20世纪80年代开始的民间收藏热，不仅满足了藏家需求，同时通过藏友交换带来了经济效益。起初藏品大多是大众化、价格低廉的老件，比如钱币、邮票、火花、票据等，后来随着人的生活水平、审美观念的提高，需求也多元化了，收藏亦随之呈现出多元化，无论收藏品种还是展陈方式，都发生了深刻变化。一些价值不菲的玉器、古家具、古院落进入藏家视野。一些藏家开始将藏品向外公布，并通过电视、报刊进行鉴赏交流。有的藏家还在家中办起小型博物馆，接待朋友参观，丰富了群众的文化生活。相比城市里的大型民营博物馆和家庭博物馆，乡村博物馆才是"吾家有女初长成"，仅有十几年的发展历史，但发展前景很好，潜力很大。故宫博物院院长单霁翔在一次演讲中讲道："在一个快速发展的时代，但是人类所拥有的珍

农具博物馆，追忆乡村似水流年

贵文化记忆却正在以前所未有的速度在消失，我们所面对的大量问题既是现实问题，也是不可回避的长远问题。"① 人类对文化遗产的保护是建立在反对文化霸权和文化侵略的基础上的，不管是国有的还是民营的，城市的还是乡下的，最终都汇聚成多姿多彩的民族文化。不断出现的乡村博物馆保存了乡村记忆和乡村文化，是中国农民无意识地保留地域文化的创新和探索，填补了国有博物馆、文化馆的空白。虽然乡村博物馆的初衷可能是以经济和声誉为目的的保护行动，但客观上恰逢其时地挽留了乡村文化的根系。当人们在博物馆里面还原那些本来属于身边的生活和生产工具时，恰好说明人类已经远离了这些工具，当人们抛弃锄头开上拖拉机的时候，何曾留恋过与锄头相伴的日子？文明的更迭让人类周而复始重复着抛弃、追忆的过程。

　　乡村博物馆因其和农民日常生活息息相关，使之具有独特的文化价值，一出现就引起共鸣。安吉县在发展生态旅游的同时，充分发挥博物馆群落的经济杠杆作用，不仅传承了文明，还创造了可观的经济效益，发展

---

① 单霁翔：《广义博物馆理论与实践的思考》，《中国文物报》，2011年6月30日。

思路值得借鉴。所以，依托博物馆是发展乡村旅游的一条特色道路。国际上通过博物馆来营销城市的成功案例很多。西班牙北部有个小城市毕尔巴鄂，曾经是有名的煤矿小城，但当煤炭资源枯竭后，工厂倒闭、工人失业、经济下滑。当地政府绞尽脑汁，最后想出了一个主意，邀请设计大师古根海姆设计了一座博物馆——古根海姆博物馆。没料想一开馆就引起轰动效应，游客蜂拥而至。博物馆挽救了当地经济，实现了毕尔巴鄂从资源型城市向旅游型城市的转型。现在，古根海姆博物馆已成为城市的地标建筑。20世纪60年代，钢铁煤炭发达的德国鲁尔区开始衰落，北威州政府决心重新规划这个区域，于是将鲁尔工业区定位为文化创意产业聚集区，53个城市联手打造欧洲文化创意区，仅鲁尔区就有5家歌剧院、5家舞剧院、8家公营和150家私营剧院，艾森zollverein煤矿的厂房被改造为工业文化遗产博物馆，举办各种文化展览、品牌发布等一系列活动，重塑了城市形象，2001年甚至跻身世界文化遗产行列，并成功荣膺欧盟2010年"欧洲文化首都"称号，波鸿也成为欧洲流行音乐和摇滚音乐的重要场地。鲁尔区还推出"工业文化之路"和"工业自然之路"旅游线路，包括了矿山、采矿博物馆、航运博物馆和铁路博物馆等，旅游线路长达400公里，有1500多个路标，文化转型一洗鲁尔脏乱差、空气污染的"恶名"，工业旅游拯救了鲁尔的经济，实现了城市文化更新和经济转型。

这些案例是不是让人受到启发？资源禀赋的乡村不妨尝试以特色的乡村博物馆带动乡村旅游，但要避免重复建设和粗制滥造。现在，一些建筑师开始"上山下乡"，纷纷参与乡村改造，如果能利用好这些资源，让村民、建筑师、文化学者、地方政府和企业家达成共识，将民居建设和建筑创新付诸实践行动，就会产生意想不到的效果，这对现在实施的"美丽乡村"建设具有很强的借鉴意义。

6. 乡愁经济学

古往今来，凡是有人的地方就会有迁徙流动，有迁徙流动的地方就会有故园之情、故园之思，而这种故园之情、之思就是通常意义上的乡愁，是"我从哪里来，我到哪里去"的哲学追问，乡愁就像一根细细的神经时刻牵引着人的神经，又像一曲清歌时隐时现、不绝如缕，始终激发着人回家的冲动。"此夜曲中闻折柳，何人不起故园情""马上相逢无纸笔，凭君传语报平安"是故乡让人朝思暮想、快马加鞭。"千里江陵一日还"，这就有了长江、黄河渡口上舟楫往来，有了鸿雁传书，有了南来北往的羁旅客栈。这些虽然是商业活动，但和古人的"归去来兮"密不可分。也就是说乡愁经济并不是现代社会才有的新生事物，而是古已有之。只是在农业社会里，由于交通不便、通讯不畅，往来迁徙不自由，乡愁经济表现不明显，但那时候人的乡愁却很浓烈。

自西周以后，朝代更迭、战事频繁、灾害不绝。官员调任、学子赶考、商贾往来、将士戍边征战等因素导致古人频繁无奈地别离之后再喜悦重逢，然后再伤心离别后期待再相逢。因此，离愁别绪始终贯穿在中国文人的神经里，从"杨柳依依""行迈靡靡"的无奈到"秦时明月汉时关"的豪迈，再到"两岸猿声啼不住""千里江陵一日还"的喜悦，中国人的乡愁一直是浓烈而细腻的。当然这也与中国社会的乡土性不无干系，血缘关系和宗族关系始终贯穿在中国人的思想深处，儒学思想又不断强化这种意识。"父母在，不远游"的传统观念早已浸润到骨子里，融化到血液里，因此要想抹去中国人的乡愁观是异常艰难的。

乡愁，归根结底是人的一种复杂的情绪活动。由于文化差异导致不同民族的情感表达方式不同，东方人尤其是中国人重团聚、重离别，而西方人似乎更注重冒险精神和对财富的追求，很难想象在旅游业尚没有成为产业的古代，马可·波罗就开始了他的世界大冒险，向西方人夸张地讲述东方的富庶和奇异。还有《辛巴达历险记》《鲁滨逊漂流记》等小说也都大事渲染富贵险中求的冒险家精神，字里行间虽有故乡情、家眷情，但更多的是对成功的渴望和不择手段追求财富，有马基雅维利主义的影子，乡愁在其人生观中不占主导地位。而在中国，特别是汉民族文化中却不这样认为，和为贵，不冒险，对冒险得来的财富多持怀疑态度。"君子爱财，取之有道"，这里的"道"主要指正当的、循序渐进式的经营活动，所以将那些负笈漂泊、穷其心思发财致富之人，讽刺为"商人重利轻别离"。岂不知，离家的人多是因生活所迫而不得不颠沛流离。人间最是相思苦，难耐相思自然会产生对故乡的眷恋，因此，"举头望明月，低头思故乡"也就勾起了人的相思而被世人传颂；与之对应的有"乐不思蜀"，则包涵了忘本、负义，为世人所不齿。这都是中国传统文化歌颂乡愁、轻视外出冒险的民族秉性的文化表达，也就是中国人的文化基因。西方海洋文化中本身就具叛逆、冒险和追求财富的冲动，在电影《加勒比海盗》中，人对财富的狂热甚至超越对生命的热爱，他们离家的目的和过程可说是一种经济发展模式，属冒险经济和殖民经济，这与中国人的乡愁经济不同。

自19世纪中叶以来，正是这种骨子里的乡愁观让漂洋过海去谋生的华人魂牵梦绕，因此造就了一个个著名的唐人街(Chinatown)，无论在纽约、巴黎、伦敦，还是横滨、吉隆坡等城市的繁华闹市区都有中国的文化符号——中华牌楼，大红灯笼，橱窗里的卤肉、烧鸡、小笼包子，鳞次栉比的中药材铺子。逢年过节，唐人街里耍龙灯、舞狮子，在异邦传播着浓郁的中国习俗。这是乡愁之痛浇灌出的中华文明的异域之花。

1949年以来，大陆与台湾虽然隔海相望，但骨肉离散、相见时难别亦难。小时候，我目睹过这催人泪下的一幕。村里有个国民党老兵，妻子儿女早在解放初就去了台湾，老人孤苦伶仃。印象中大约在1985年，他的妻子、女儿回来探亲。多年的离别没有打磨掉亲情，一家人号啕大哭的场景让周围人潸然泪下。正如台湾诗人余光中的《乡愁》一样，点中了中国人的相思命脉，从而成为一代人的乡愁观。诗人的乡愁何尝不是中华民族的乡愁呢！这"国破山河在，城春草木深"的乡愁既是时代悲剧，更是民族的苦难史诗。20世纪80年代初，歌手费翔一首《故乡的云》在内地一炮走红，作为乡愁体的《故乡的云》唱出了海峡两岸人民渴望回归祖国的心声。那时，国内百废待兴，沿海地区得风气之先，迈开大步搞开发，大陆和台湾实现"三通"，两岸人民同根同族、血脉相连、文化认同一致，客观上促成了大批台湾客商到大陆投资兴业，正是这股资本返乡潮造就了内地大量台湾工业园崛起。1980年，国家正式设立深圳、珠海、汕头、厦门四大特区，吸引一批外资、侨资、港澳资本投资办厂。同样是基于香港对大陆的乡愁，才有了脍炙人口的香港流行歌曲，金庸、古龙的武侠小说，精彩的电视连续剧……爱国华侨陈嘉庚在厦门创办集美大学，邵逸夫、曾宪梓在内地高校资助图书馆等善举不胜枚举。如果仅用资本趋利性特点分析这些经济行为是不公允的，重要的是只要是中国人，是炎黄子孙，就算是"洋装虽然穿在身"，但"我心依然是中国心"，"就算是身在他乡，也改变不了我的中国心"。这是回家的冲动和乡愁的呼唤。经济外溢扩张需要足够大的空间，台湾、香港、澳门与大陆一衣带水,当国门打开时,离散的乡愁以产业化形式结合起来并迅速北上,发展为深刻影响中国三十年经济发展的乡愁经济。香港影视于20世纪80年代后在中国大陆大行其道,时至今日依然受追捧,也正是基于相同的文化基调和同胞情谊。西方人不能理解的,中国人可以理解,西方人不愿接纳的,中国人愿意接纳。这是文化的根源性和民族性导致的结果,经济发展到一定阶段,文明必然走向回归和认同。

20世纪80年代以来,沿海地区经济发展迅速并成为"世界加工厂",服装鞋帽、芯片制造、代加工产业支撑了"中国制造"和"中国梦",解决了上千万农民工的生存问题。每年春节前后,大江南北上演着浩浩荡荡的民工返乡潮。这完全不同于历史上由于战争和自然灾害引发的中原人民的南迁潮流,而是因全球化和工业化带来的产业分工,祖祖辈辈扛锄头的农民开始和机器零件打交道,打工赚到了钱,同时还睁眼看到精彩的世界,当他们回到落后的乡村,以盖房娶媳妇这种传统形式完成他们对乡村新一轮的改造,但眼界开阔了、思维变了。因此,是农民工率先从思想上拉开中国乡村城镇化的帷幕,引发了轰轰烈烈的乡村变革,这些都构成了20世纪80年代以来的蔚为壮观的乡愁经济。

因此,有乡愁的地方必然有经济活动。乡愁不仅是个美学概念,更是经济学概念。

20世纪90年代以来,人们爱上了怀旧。是为谱新词强说愁吗?不是。是生活压力大、工作节奏快、城市污染严重,城市人没有地方休闲娱乐吗?也不是。其实,马斯洛的"需求理论"早就告诉我们:人在基本的物质满足之后就会追求更高层面的精神享受。中国人骨子里的乡愁意识就是要满足这种精神需求,在紧张的城市生活中,压抑许久的精神需求被重新激活、集中释放。于是,城市人的乡愁引爆农家乐、火了农家饭,还有各种田园风格的家具、咖啡馆、农庄、乡村博物馆等,这有别于20世纪80年代以来的港商、台商的规模化返乡经济,而是以城市为出发点,先是部分人参与,最后演变为全民参与的乡愁经济,规模更大、覆盖面更广。

因此,在现代性语境中,怀旧具有可以

实现的经济学价值。围绕乡土、乡音、乡情、乡味、乡景和乡亲等乡土意象，将人的这种归家冲动、归属感和认同感转化为各种各样的乡愁产业，比如农家饭、农事体验、农业观光、农业养殖、农业采摘等，对增加农民就业、改善农村环境、建设新型城镇化都具有一定的借鉴意义。

如果说在乡土中国时代人的乡愁情感强度大，乡愁经济不发达，那么在工业中国或者城市中国则是乡愁感情强度降低，但乡愁经济活跃。而未来社会又是怎样呢？全球一体化让人生活在"地球村"，互联网又引发生活方式出现重大变化，城市、乡村之间的差异越来越小，人的乡愁观念会不会淡漠？乡愁经济会不会消失？估计这还是个待解之谜吧。

梭子里有着中国人的乡愁

乡村酒坊

7. 超越城市时代

如果说乡村是人类的母体，城市就是人类的伟大杰作。城市是经济增长的发动机，没有了城市的世界将不可想象，毫无疑问的是未来大多数人将生活在城市。因此，城市在维护修缮全球环境的生态平衡上负有重大责任。如果说城市是经济增长的发动机，乡村就是为城市这个发动机提供基础燃料的"油库"，昼夜不停地运转来维持城市和居民所需要的原材料。英国环境部的一项报告显示："尽管伦敦规模仅有1500平方公里，但实际上伦敦需要大概2000平方公里的范围用于物资供应及废物处理，伦敦容纳的英国人口仅仅20%，但它却用掉了相当于全英国的生产性土地，满足伦敦需求的地域范围扩大到英伦三岛以外的远方。"截至2004年，我国共有108个人口超过50万的大中城市，按照伦敦的城市需求推算一下，需要占用多少土地来维系这108个城市的运转？这是一个庞大、惊人的数字。

目前，在全球范围内乡村并入城市成为趋势，在我国这种情况尤为明显。北京、上海、广州这样的超大城市、特大城市估计在中国很难再有城市能够超越了，因为大部分城市在经历了改革开放以来的高速增长期后，已经进入一个平稳的增长阶段。西方学者认为："所有的文明都经历了形成、上升和衰落的类似过程。"塞缪尔·亨廷顿也认为："西方始于20世纪初的逐渐且无规律的衰落，可能会持续几十年，甚至上百年。"文明演进更迭是历史规律，西方文明不可避免地出现衰落，而城市作为承载西方文明的重要载体，自然难逃宿命。任何事物都不可能无限制地增长、扩张下去，城市也不例外，城市扩张总会有边界，而一旦接近临界点时就会平稳增长、停止增长甚至负增长，最终无法逃避地走向衰落。城市越大、人口越多，消耗的单位资源越多，生活质量就会打折扣。生活质量包括政治、经济、文化、环境、气候、住房、公共服务、交通、医疗、学校、犯罪率、消费品的价格、休闲娱乐活动、公共空间等,这些问题在大城市、特大城市表现得更加突出。发达国家在城市化超过70%以后会出现一个奇妙现象:有一部分城里人开始返回到乡下或者郊区,或者过上城市——乡村的"双栖"生活。学者将此称之为"逆城市化"浪潮。这种现象印证了西方学者提出的观点:"文明在发展到一定程度会出现衰退的迹象。"

按照国际标准,城镇化是区分发达国家和发展中国家的一个重要标志。相比发达国家,我国城镇化水平还非常低,到2020年要全面实现小康社会,城镇化就必须加快速度。这既是中国的机遇,也是世界的机遇,中国的城镇化将有力地拉动全球经济持续增长。"十八大"适时提出建设新型城镇化,这构成了我国未来十年社会发展的基本国策,对于加快国民经济结构调整和城乡统筹发展,促进国民经济良性循环和社会协调发展具有重大意义。改革开放以来,我国城市化经历了高速增长,现在已经进入平稳增长阶段,大拆大建已经不现实了,推进力度自然会慢下来,经济增长速度将远不如新型城镇化的增长速度。中国改革开放30多年来,东南沿海地区率先抓住机遇,建成了完备的产业链条,吸引大量中西部劳动力向沿海迁徙,这就形成中国历史上蔚为壮观的人口迁徙活动。现在,随着世界经济危机出现与金融格局调整,中国这个"世界制造工厂"身份逐渐结束,这样的人口迁徙活动也即将成为历史。东部沿海城市出现饱和,那么如何转移继续漂在大城市的2亿农民工,这是个大问题。解决这个问题只有靠城镇化。有专家测算:"目前城市居民人均生活消费支出是农村居民的3.6倍,若未来20年城镇化率每年提高1个百分点,从现在起到2030年,还将有3亿农民将转为市民,这将产生巨量的需求和投资。"回乡潮已经开始,但这种回乡并不是要彻底回到乡下,农民工在外打工多年,思想观念开放了,重新回到乡村自然不现实,那么回到哪儿呢?自然是回到中小城镇。在这种时代大背景下,"城市中国"之后迎来的将是一个东西部协调发展、农村和城市共同进步的"城镇中国"。

当然,新型城镇化不是要消灭乡村文明。乡村文明孕育了城市文明,保存乡村文明既是文明演进的必然,也是国家的战略需要。无论社会怎么发展,城市如何繁荣,还是需要有人耕种农田、栽培果木、养殖鱼虾、种植蔬菜,为城市提供基础产品。就算是有一天我国达到国际上通行的70%城镇化之后,照例还会有几亿农民生活在农村。这是国情,必须客观面对。因此,城镇化就是乡村追赶甚至超越中国城市的一次机遇,在国际国内市场的双重推动下,中国乡村能否迎来自改革开放以来大中小城市发展之后的第二个城市扩张时代也未可知。那些曾经漂在城市的2亿农民工就构成城镇化建设的主力军,农村广阔的土地资源就是他们的用武之地,互联网的普及让知识不再那么高不可攀,只要愿意学习就触手可及。城市不可能无限制扩张下去,中国的城市无论怎么发展,要超过北京、上海估计很难。在全球范围内,城市虽然生机勃勃,增长旺盛无比,但一个不可逆转的事实是——城市的增长速度明显放缓了。以此类推中国的特大城市、大城市,迟早有一天也会像欧洲的城市一样老态龙钟、消费疲软。

城市的发展源于政治的诞生、国家的建立。城市从诞生之日起就作为一种先进的事物走在农村之前,今天它的发展规模和发展速度早已让农村无法望其项背。城市作为资源集约、文化集中、思想超前的人类聚集地,它的发展可以有效整合各类资源和人才,并大量吸收农村的物质资源,发展壮大自身,城市引领人类社会发展的作用毋庸置疑,在以后很长的一段时间内,这种作用依然会存在。但是,城市的发展需要农村的支持,粮食、蔬菜、水电这些基本的物质需求都来自农村,城市发展扩张得越快,这些生活必需品需求量也就越大。可是一个严峻的事实是,在国土面积不变的情况下,农村的规模随着城市的扩张而减少萎缩,这也就意味着农村可以提供给城市的资源会越来越少。中国经历了30多年的城市快速扩张,其原因在于30多年前中国的城市规模很小,而时至今日,城市的发展与农村的物质产出是否达到供需平衡尚不可知。城市要想继续发展,农村的补给位置就必须强化。因此,城镇化之后的农村如何发展,这是超越城市发展的一个大课题。

城市诞生及发展有其客观原因,人们之所以进入城市,是因为城市能够给生活带来多种多样的便利与享受,这是城市存在的基础与保障。但是随着社会发展、科技进步,当人们在城市中能享受到的东西在农村也可以享受时,那时人们既可以居住在城市,也可以居住在农村,而一旦农村的生活开始超越城市时,人们就有可能由城市再度流向农村。这不是历史倒退,而是时代进步,是人类必须要走过的一个历程,是另一种进步。

时至今日,发达国家的城市发展已到瓶颈期,工业化带来的城市福利正随着底特律这样的汽车城的破产而逐渐衰竭。中国城市扩张的脚步已经放慢,随之而来的自然是对农村发展的深度探求,城镇化建设是围绕着农村广阔的资源进行的，未来农村与城市只是地域、功能与环境的划分，而不再是生活质量高低、技术先进与落后的区分，"城市和农村规模划分的黄金比例正在人类的不断探索中诞生"。户籍制度曾经是身份的甄别，把人分成城市人和乡下人，现在将逐步改革，至少从身份证上显示城市和乡村都一样，谁也不比谁优越，谁也不比谁差。

我国是农业大国，当工业发展到农业的三分之一规模，就有可能将国外远远甩在后面，而当工业饱和后，农业却还有广阔的发展前景。城市曾经是财富和权力的象征，城市消除了贫穷，同时也消灭了差异和不同，乡村在超越城市之后，走向新型城镇化的进程中必然要汲取城市建设中的经验教训，走真正不同于城市的差异化道路，只有彰显乡村特征，才能实现真正的超越。

开启一个时代需要伟人，迎接一个时代则需要脚踏实地的实干家！乡村，正在敞开怀抱，迎接着新时代的弄潮儿。

陕西泾阳余家大院，大门内的垂花门已经颓败

第四章 继承与创新

1. 建筑本是人生

梁思成先生认为:"在建筑种类中,唯住宅与人生关系最为密切。各地因自然环境不同,生活方式互异,遂产生各种不同的建筑。"① 建筑和人一样,有着生动的生命特征。一方水土养一方人,中国乡土建筑讲究风水,传统的民居大都受到堪舆思想影响,在中原地区影响更为深远。无论是村子选址,还是房屋空间布局都体现了传统风水理念,表达着人对诗意栖息的追求。就是科技非常发达的今天,堪舆思想依然在一些行业比如房地产就很盛行,通常情况下,开发商在开发新项目时大多会先找风水先生来看看。这种行为谈不上有用,最起码是一种心理安慰。真正的风水学属心理学、环境自然学的交叉学科,是需要有很高智慧的。

著名建筑大师刘易斯·福芒德说:"15、16世纪那些吹得过分的唯美主义则以其五颜六色、灿烂华美的雕琢装饰关心日常生活俗气的装饰打扮,关心对于禁欲主义种种做法的过分的补偿。"② 建筑反映着时代气质,15、16世纪的西方建筑是当时社会审美需求的写照。刘易斯·福芒德还认为:"在中世纪总的模式范围内,5个世纪中人的思想感情却发生了深刻的变化。根本不同的生活经历将巨大的罗马建筑的矜持、庄严与堂皇的圣母教堂的人道主义相互分离开来;罗马式建筑兼顾如堡垒,庄严如圣诗;圣母教堂则设计大胆、明快、富有新意,这座像迎接死亡的有墙垣围绕的陵墓因其允诺使人复活而化为一盏光明、美妙的灯笼。"

---

① 梁思成:《中国建筑史》,三联书店,2011年版。
② 刘易斯·福芒德著,宋俊岭等译:《城市发展史》,中国建筑工业出版社,2005年版。

"盛世之音激与悦,亡国之音哀与思。"如同音乐要表达的思想内涵一样,建筑既是时代情感的表达,也是建筑师内心的写照,具有强烈的时代特征。

唐家湾是珠海市北部的一个滨海小渔村,历史上曾是著名的华侨之乡、买办之乡,从这里走出了近代工业的先驱唐廷枢;主张"中学为体,西学为用"的郑观应;民国第一任内阁总理唐绍仪。中国第一批120名留美幼童中唐家湾就有9名。唐家湾的建筑带有浓郁的海洋色彩和西方痕迹,既有岭南沿海建筑色彩,又有中国传统意匠特点,同时还大胆吸收了西方建筑思想。"唐家古镇的宗族聚居单元是'堡',携带了大量的历史信息,一般的每堡在七十到八十户之间,随着房派不断分下去,每分一房支脉就建一栋房屋,建了房屋又建祠堂,久而久之,形成一片整齐、统一、密集的建筑群落。"[1] 唐家湾的建筑是近代中国建筑史上的一朵奇葩,和乔家大院、王家大院、福建永定土楼、安徽西递宏村、陕西韩城党家村、周庄一样,都有幸躲过近代以来的战争浩劫或人为破坏,得以让后人细细品研其中蕴藏的人生奥妙与精到。

按照梁思成先生的观点:"中国各区住宅之主要特征,平面上为其一正两厢四合院之布置,在各区中虽在配置之比例上微有不同,然其基本原则则一致也;在结构上,构架方法为各区一致之共征,在山西虽有砖券结构,晋豫陕黄土地带穴居之风虽盛,然架构建筑仍为其正统方法也。"无论是门廊亭台、抄手游廊、天井后院、清水砖墙,还是照壁、门墩,精美的砖雕、石雕,这些都是构成传统民居的建筑符号,传递着中国式的家族观念。它们既有实用的功能,也有审美价值,和自然环境和谐统一。要理解中国乡村文化首先要理解乡村建筑文化,特别是一家一户的宅院文化。在陕西宝鸡、山西一带农村,一般住宅都是以正房加上前院为核心,后院多为柴房、家畜饲养房,院内两边

---

[1] 朱晓明、周凡编著:《寻找唐家湾》,同济大学出版社,2006年4月版。

的厢房互为对称，以建筑的形状勾画出不同家庭人口繁衍、长幼尊卑的伦理观念。逢年过节，家家户户在门上贴秦琼、尉迟敬德的画像，门楣垂下花花绿绿的裱纸，挂上照妖镜明晃晃地泛着白光，用来祛邪驱鬼。所有的装扮都寄托着人们的美好愿望和祝福。民居传递的是随遇而安、自尊自享、不肆张扬的生活态度。这一点是不是也值得城市人学习呢？

以前，乡村跟自然山水关系互为依存、相互融合。青山郭外斜，绿树绕田家。果园、农田相互交错，无心插柳柳成荫，池塘边杨柳依依，水朗清明，丰饶无比。目光极处有一角飞檐在林中若隐若现，无意间组成了怡人的乡村空间。转过一个坡头，绕过一道横渠，这屋檐渐渐明朗了许多，耳朵传来哞哞牛叫声，大黄狗对着生人狂吠着，一边叫还怯怯地往门后躲藏。高大的皂角树给院子带来清凉，随风飘来的槐花香溢满院，天井内老婆婆在织布，儿童们在游戏，山墙上爬满了春藤和牵牛花。看，还有蝴蝶飞来凑热闹，鸟儿叽叽喳喳叫个不停……一切的一切，都氤氲着家的温馨，从容安逸。

建筑既是物化材料的几何垒砌，又是人生的象征和寓意，建筑传达着"一种值得信赖的与环境和谐统一的感觉"。古人常借景抒情，正如"江山还需文人捧"，有了巧夺天工的建筑，有了胸怀天下的英雄豪杰和文人志士，于是就"捧"出了风情隽永的烟云江南，苍凉砥砺的骏马秋风塞北。黄鹤楼、太白楼、岳阳楼、滕王阁并称为江南"三楼一阁"，哪一个不是因建筑而名扬四海？哪一个不是因诗词歌赋而流传千古？"故人西辞黄鹤楼，烟花三月下扬州""昔闻洞庭水，今上岳阳楼""落霞与孤鹜齐飞，秋水共长天一色"……千百年来，这些名句一直感动着古人、今人，让人"一吟双泪流"。

传统乡村建筑一般都就地取材，既环保节约，还体现了功能与环境的高度统一，也充分展露了工匠的手艺。工匠们是了不起的，他们的营造技法靠的是师傅带着徒弟在实践中总结出来的，虽然没有图纸和教科书，但图纸在心里，在粗砺灵巧的手上。一砖一瓦间皆见功底，一石一木都有智慧。虽然很少有历史记载这些默默无闻的工匠们，但他们同样是创造历史的人，建筑就是他们留给后世的作品。乡村住宅在建造过程中就地取材，大都是"出门种地、抬头见山"，在大自然的怀抱里创造了一个和谐、美丽的景观。陕北的窑洞、山西的四合院、安徽的马头墙、江浙水乡的廊桥、傣族的吊角楼、福建客家人的围屋、岭南的骑楼、草原上的蒙古包，这些形状各异的民居传达着天人合一的思想，豁达、随遇而安的家族观念，让人每日与清风朗月为伴，虽然辛苦，但是很充实。

一个古老的村庄就是一幅浓墨淡写的山水画，就是一个由价值观念和宗族血脉所组合的乐章。自然环境和人文气韵交相呼应，让远行的游子魂牵梦绕、难以割舍。一所乡下宅院，无论是"庭院深深深几许"的朱门大户，还是一个篱笆三个桩的小户人家，都有值得尊重的价值观和生活态度，为了家族兴旺、儿女有成，他们谨慎进取，再苦再累也要撑起一片硬朗的天。

2. 失乐园，欢欣鼓舞？

"千百年来，中国之所以被称之为乡土中国，最大的一个文化特征就是'土'字。"① 土是生命之源，孕育万物生长，也是中华文明绵延不绝的灵感源泉，是中华民族文化复兴的基础。"土"的文明中孕育了博大精深的传统文化，散发着泥土气息的乡村让人类找到自己的故乡。乡村建筑包含着深刻的中国传统哲学观，历史上，乡村建筑从来都不是规划出来的，而是自发的改良、继承而来。但是，今天的乡村却变成被规划的乡村，模仿、抄袭城市之风盛行，乡村的文化特质正在消失，开始向标准化方向发展。城市已经千城一面了，乡村会不会也变成千村一面呢？近年来，乡村有个普遍倾向：盲目克隆城市住宅、城市广场、城市商业区。在"规划"指导下，道路、水系、住宅、田畴、鸡舍、猪圈、镇上的购物广场等，这些构成乡村结构的元素，按照现代人的居住习惯进行整齐地排列组合。所以在乡村看到一排排一模一样的住宅，门楼用楼板简单搭叠，并贴上了瓷砖，按照不同喜好，有的门额上用瓷砖拼接成花鸟虫鱼图案，有的是祝福语，类似"家和万事兴""勤俭之家"等，寄托了主人美好愿望。门口供人休憩的雕刻精美的石墩子没有了，铁门取代了朱漆门，屋檐角上的螭吻更是没了踪迹。按照传统，入户门一般开在侧面，进出有照壁遮挡，由厢房围合而成一个小小天井，体现财不外漏的住宅规划思想。现在，这些文化符号在关中农村早已荡然无存。关中农村宅基地一般是10米宽，20米长，三家厦子房不是楼板就是现浇，一进门就是天井，再进入就是厅堂，两边各开一门，算是卧室，家家户户一模一样。从一百米开外就可一眼望穿院子，婆姨们在院子里做针线、聊天一览无余，住宅没有了"藏"的思想。

---

① 费孝通：《乡土中国》，江苏文艺出版社，2007年4月版。

有学者认为:"传统村落体现的是当地的传统文化,建筑艺术,村镇空间布局,反映村落与周边自然环境的和谐关系,体现人与自然和谐相处的文化精髓和空间记忆,是活的文化与自然遗产。"[①]传统民居作为"活的文化与自然遗产",消失速度比保护的速度更快,之所以出现这种状况,是有着复杂的社会背景:

首先是社会发展的规律。在全球范围内,都存在着传统民居保护和传承难题,只是中国的传统民居消亡得更快、更彻底,因此保护就显得尤为迫切。

其次是观念发生了变化。在农村人的观念里,传统房子构造复杂、费时费工、通风差、采光不好、阴暗潮湿,一层建筑无法满足居住。相比之下,城市的住宅敞亮、卫生,城市的洋楼让农村人觉得新鲜,先是争相模仿,最后就演变成流行,一代人传下来就成为新的传统。在大部分农村人看来,盖房子首先是要省钱;其次是别人咋盖咱就咋盖;再次是农村盖房子很少有图纸,施工队对于复杂的结构未必会盖。"村里的房子都这么盖"反映的是乡村在盖房子时的普遍心理。

三是科技进步带来了建筑工艺和材料的改变。这是一个很重要的原因。以前建筑材料无外乎木头、泥坯、砖、瓦片和石头等,山区建筑材料有竹子、茅草等。现在是现浇、楼板、玻璃、铝合金、彩钢瓦和瓷片等,建筑工艺和材料发生变化,必然导致住宅随之变化。农村人盖房最关心的是造价,新型材料恰好满足了这些要求,传统的营造法式不仅繁琐,而且造价高,农民自然乐意

[①] 周赣松:《长白学刊》,2013年5月。

随墙式照壁

选择新型材料。

四是审美观缺失。从乡土中国到城市中国是一次飞跃，在乡土中国时代，乡村是熟人社会，乡村各美其美、各乐其乐，由于信息封闭，客观上保留了仅有的文化传统。现在乡村成为半熟人社会，人口流动频繁，一部分乡村精英进入城市，导致乡村审美观普遍缺失，活在当下成为普遍心态，对传统民居的潜在价值认识不到位。

五是缺乏必要的规划指导。改革开放以来，乡村的建筑规划基本上处于放任自由状态，农民没有条件去规划住宅，政府无暇规划乡村住宅。多重因素交织导致乡村建筑演变成今天的这种无序状态，旧的格局一旦被打破就很难重新再拾起来，于是村仿效村，家仿效家，住宅的差异化消失了。

乡土建筑是承载一个家庭日常起居的载体，建筑格局上具有敬畏自然、尊重生命的特点。家有着生命的张力、随遇而安的处世哲学、适可而止的追求。一代大儒曾国藩在家书中要求家人做到"书、蔬、鱼、猪、早、扫、考、祭"，这八项是乡村生活的原则，概括了当时的乡村生活形态。现在时代发生了变化，后工业时代崇尚标准化，而家一旦成为标准化的产物就失去了味道。乡村迷失在后工业时代的"失乐园"中，我们不仅失去了物理意义上的家园，也失去了精神意义上的家园。炊烟、村口、水井、池塘、老槐树都成为记忆，自然还有那剪不断、理还乱的乡愁。

20世纪初，西方许多著名建筑师都是强烈反对城市化的。弗兰克·埃德·莱特、勒·柯布西耶、格罗皮厄斯等大师，他们一辈子魂牵梦绕的都是阳光、空气和田野。百年过去了,环境问题已成为困扰城市和乡村可持续发展的重要掣肘,许多有识之士也开始重新认识传统建筑的价值和意义,未来,人类是需要个性彰显的乡村,还是如工厂流水线上的产品一样的标准乡村,在这种思潮刺激下,一轮新的乡村建筑改造运动正在蓬勃兴起,一些乡村精英开始尝试将传统建筑和新型建筑材料进行结合,试图创造出一种既有乡村文化特色,又实用美观的新乡村建筑。蚕蛹一旦破茧终将化蝶,未来的乡村有望呈现出重回传统的繁荣时代。

3. "乱心"：工业崇拜

2012年春，做建筑设计的朋友应开发商邀请在河南某景区建设木屋别墅。景区古木参天、浓荫蔽日、风景绝佳。到了春季，漫山遍野的槐花招蜂引蝶，白的、红的、蓝的，盛开在山间小道，山上出产的蜂蜜也是原生态的。朋友在日本留学多年，擅长遗产保护和建筑设计，应人之托自然格外谨慎，本着宁可不赚钱也不能得罪朋友的原则，他前期做了大量考察和资料搜集工作，并熬了好几个通宵做了木屋模型。签订合同后，朋友信心满满地出发了。但真正到了施工现场，却发现完全不是想象中那么简单，他开始意识到这是一个异常艰巨的工程。文人雅士认为好风景多在人迹罕至之处，但对在山里施工的人来说，风景也成了障碍和挑战。他们先选好施工地址，然后披荆斩棘开辟运料的羊肠小路，谁料想，仅地基就做了两个月，耗费合同金额小一半。原打算做护坡，一算账只有赔钱的份。转眼间，半年已过，秋冬将至，先是下雨，最后变成鹅毛大雪，山间道路泥泞不堪，再加上一些人为掣肘，木屋建设比原先预想艰难得多。

11月中旬，我去山上看望他们。当地朋友在山下热情招待，一番热闹的推杯换盏之后，趁着酒劲上山。虽是晚秋，但山上已是冰天雪地，工人们穿着棉袄干活。朋友一脸疲惫。他说，当初为甲方负责，设计团队按照原始材料、原始工艺的设计思路，但是在施工过程中，一些国际通用的设计理念却很难被甲方接受。例如，对于门窗的选择，考虑到造价因素，设计方采用了木门、木窗，虽然木门、木窗在山区会有一些变形，但是其原始肌理和度假区的自然环境相得益彰，同时针对游客需求心理，在山中就是要感受自然、质朴，即使有个别变形也是天然木质材料的特征，如同爬山会脚痛但这正是爬山的体验。但是甲方认为木门、木窗变形影响美观，强烈要求将木门、木窗换成塑钢门窗。塑钢门窗造价低、不易变形,甲方容易理解塑钢门窗这些显而易见的优点,但是对于塑钢门窗因大规模工业生产而形成的简单、乏味的缺点却不以为然。塑钢比重小、施工简单,颜色可任意调配,成型方便,还非常耐磨,耐腐蚀,像浴室、卫生间等潮湿的地方用塑料门窗就特别适合,因此塑钢在景区木屋中应用广泛。古人认为建筑应该具有"有天地自然之象,有人心营构之象",自然的山石和木材的原始肌理能增添山间别墅的野趣。优秀的设计师在设计山间别墅时,特别注重对别墅质量、别墅与环境的结合,自然和山村传统景观的尊重,起初的设计是希望使用者在别墅里可以感受到春天的风、夏天的雨、秋日的霜和冬日的雪,而不是在一所冬暖夏凉的所谓山中木屋中打麻将,而忽略山外的风景。

在施工过程中,一栋别墅刚好压在一块大岩石上,设计方尝试采用国际上一些前卫的山间别墅设计理念,将岩石的顶部改造成了浴室内的一块景石。但业主认为卫生间的岩石凹凸不平,有碍观瞻。无奈之下,施工队只好按照甲方要求将浴室统一铺成了光溜溜的瓷砖,野趣丧失殆尽。

我见到的落成的七个木屋均为新汉风格调,木屋内陈列的家具大都是在现场加工制作而成,原汁原味、古朴时尚。站在室内推窗见山,窗外视线开阔、风景如画,一场大雪更是平添了山间的诗意。晚上,工人们在室内升起火盆,煮羊肉、喝白酒,抵御严寒,打发漫漫长夜。

在木屋建设过程中,不远处的平坦沟道里,一批加工厂的标准木屋别墅也在紧锣密鼓施工,两个施工队暗自较劲。由于工业化成品造价低廉,而且这些木屋看起来光鲜亮丽,拼接速度快。但从审美角度来看就是仁者见仁、智者见智了。木屋之所以让人觉得有特色,关键在于就地取材,并能和自然融为一体,既野趣而又现代,而不在于木屋的材料。钢筋水泥同样能做出精致美丽的建筑,例如,日本建筑师安藤忠雄设计的清水混凝土建筑。现实情况却是工业化生产的简易木屋往往更能被业主接受,因为在同等的造价下,注重细部的多样性处理和尊重自然的设计很难与工业化产品竞争。

遗憾的是最后双方终止了合同,朋友赔了几十万。一次闲聊,我说建筑师赖特曾深

施工中的山中木屋

木屋内部

炉火正旺

受日本居住哲学影响，起初他的设计作品也不被业主认可，但后来的事实证明他是富有远见的。在后工业化时代，包括房子都成了速成品，但是丧失了个性，真正的山间别墅能和自然山水融为一体，体现生命的张力和活力，农村建筑的魅力恰好就在于和田园风光的默契，张扬着世俗的生命力，但是审美情趣的提升却是复杂漫长的过程，不管好看与否，一旦成为重复的批发产品，审美价值就会打折扣。

在城镇化进程中，建筑行业领域对工业产品的迷信甚至崇拜在所难免。"洋"代表着先进生产力和优雅的生活方式，"土"意味着落后和闭塞，但事实并非如此。乡村建筑的"土"和工业的"洋"的结合需要一个过程，也需要有识之士在实践中因势利导，设计出造价便宜、施工简单、有文化传承的新中式乡村建筑，这是应对工业崇拜的法宝，也是避免乡村建筑雷同的重要前提，但要让业主思想观念转变却是复杂漫长的过程。民族文化生根于土地之上、群众之间，没有了普通人的参与实践，再精致、再高雅的文化也会失去根基，迟早会衰落的。

4. 如果不盲目模仿

2013年夏天，我太太带着女儿去美国旅游，她们在明尼苏达州的亲戚家住了十多天。女儿结识一个美国小女孩Rose，她是邻居家的孩子，两人年龄相当，天天在一起玩，很开心。回来后女儿绘声绘色给我讲："Rose的爸爸太厉害了，在自己家花园里盖房子，每天下班后忙个不停，一会儿咯吱咯吱锯木头，一会儿叮叮当当钉钉子，Rose的哥哥也跑来跑去帮忙。"孩子惊讶之情溢于言表。是啊，工业化导致人动手能力蜕化了，在国内见到的都是农民工在建筑工地盖房子，哪见过一个人慢悠悠地在后院盖房子呢。2012年，全球最大的家居建材超市家得宝，也是美国仅次于沃尔玛的第二大零售商，关闭了在华的所有建材超市。家得宝给出的理由是战略调整。其实更深层次的原因是家得宝在中国水土不服。为什么呢？在美国由于人工成本高，因此大部分美国人都习惯自己动手翻修房屋、改水电路、砌砖、刷墙等基础性工作。Rose的爸爸自己动手盖房子就是一个例子。所以很多家庭都备有施工工具，因此在家得宝超市能买到各种各样的工具，类似刨子、电锯、油漆、刷子、打孔机等。在中国，一般家庭就是水龙头坏了，也是找物业来修理，更别说自己动手刷墙、贴壁纸和砌砖盖房子了，所以也不需要这些工具，家得宝超市里的工具没有市场，关门是早晚的事情。

有一年，我在德国学习。有天傍晚，我们在慕尼黑吃完饭，大伙沿着灯火璀璨的街道往酒店溜达，街区两边的小店都很精致，透过落地的橱窗可以看到时装、鞋子、皮包、首饰、玻璃制品、电子产品、面包店等等。经过一家已经打烊的服装店时，透过橱窗，一位老太太气定神闲地在墙面上刷油漆，旁边放着大大的油漆桶，老人的身影映在橱窗上，像一幅生动的油画。自己动手刷墙的景象在国内很少见，但在国外却习以为常。是不是这也是自己动手、丰衣足食的淳朴生活态度的体现？我不得而知。以前农村人都是自己动手盖房子，那时候建筑队很少，亲戚、朋友、乡党都来帮忙盖房，红红火火热闹得很，每天只要把酒肉菜供应上。陕西关中一带，常见的材料就是青砖、夯土板筑，砌好墙后就可以上檩搭架构，然后放炮庆贺，歇上个把月，再开始慢慢内粉墙壁。有位作家描述北京人盖房子："在墙砖之雕饰上，清代有磨砖对缝之法至为精妙。通常民居只用仰覆板瓦，上做清水脊，脊两端翘起，称朝天笏，为北平所常见。"民房虽然没有官家房屋那么讲究，但必要的程序少不了。上檩这一天照例很隆重，首先要挑黄道吉日，要给檩上贴红纸，还要放鞭炮庆贺，房东这天一定要摆宴席，答谢帮忙的乡党。大户人家还要盖马房、书房、会客室，院内有照壁、大气的门墩、门簪、门匾、砖雕、木雕、石雕等，个个都是精美装饰。小户人家自然没有大户人家财大气粗，但正房、厢房、灶房、庭院的布置也都因循传统住宅要求，一丝不苟。那时候盖房没用图纸，房子怎么盖都在乡下人脑子里。家具也是木匠现场打的，雕工在家具表面认真雕刻花鸟虫鱼、牡丹、石榴、蝙蝠等吉祥图案，给平淡的生活增添不少亮色。由于是自己盖房子，因此人人动手能力都很强。现在，包工队走村串巷承揽工程，大部分民居建筑形制为砖混预制板结构、现浇框架结构，一层或二层，有的是双坡顶，图省事的干脆就是水泥平顶，虽然不保暖，但是便于晾晒粮食。红砖取代了烧制繁琐、成本高的青砖，门头装饰比如屋脊装饰、照壁、砖雕、木雕等繁冗细节更是能省就省，由于大量使用瓷砖、涂料、玻璃钢塑门窗等成型建材，工期大为缩短，按300平米建筑面积计算，除掉误工，20多天主体就可完工。以前，虽然信息闭塞，但人的想象力并不缺乏，因此盖房子保留着对美的理解和追求。住宅见证了人的一生，住宅里有人的感情，空气里也弥漫

随墙式大门

耕读之家，诗书传万代

着家的气息。因此，一砖一瓦、一个雕饰都会仔细琢磨、认真对比，最大限度地实现实用、美观的基本功能。现在，虽然信息以海量计算，但想象力似乎贫乏了，农村人盖房子不再像以前那么讲究了，似乎仅为了居住而已，一切都删繁就简。岂不知，房子是有温度、有情感的，既是遮风避雨的场所，也是心灵栖息之地，人和房子之间有感应，相互照应依存。明代文学家归有光笔下的老屋是如此动人："又杂植兰桂竹木于庭，旧时栏楯，亦遂增胜。借书满架，偃仰啸歌，冥然兀坐，万籁有声；而庭阶寂寂，小鸟时来啄食，人至不去。三五之夜，明月半墙，桂影斑驳，风移影动，珊珊可爱。"这样的老屋多么动人！现在的民居哪有这样的美感呢。

　　为什么会发生这些变化？20世纪80年代以来，我国城市化进程加快，建筑材料日新月异，再加上国外住宅理念的引导，让传统民居渐渐失去市场，城市里的高楼大厦和优雅的生活方式让人向往，乡村建筑慢慢失去本色，悄无声息地向城市建筑靠拢，这种模仿率先从沿海发达地区开始，最后逐渐向全国蔓延。这种模仿也不同于历史上的侨乡建筑，侨乡建筑虽然有西方建筑的元素，但中西文化结合得恰到好处，现在的模仿则是粗制滥造，和自然环境完全割裂了。

针对本民族的建筑遗产，不同的国家态度不尽相同。德国人对建筑遗产的热爱程度就超乎想象。二战后，德国大部分文化遗产遭到毁灭性破坏，法律要求按历史原貌原样复建，无论是材料、色彩，还是内部格局都尽量遵循历史记载。因此，按照此原则复建的城堡、教堂、剧院、广场等建筑，依然是城市里最优美的建筑。海德堡是文艺复兴最具代表性的领地之一，老城区属著名的世界文化遗产，当地规划、文物部门按照等级将房子分成不同的保护级别，任何人不得私自进行破坏性改造。假如你购置的房子恰好被文物部门认定为重点保护对象，但是你又认为屋子陈旧、设施老化，使用起来不方便，需要翻修，这就需要首先向文物部门提出书面申请，文物部门同意后才可以施工，施工过程中还必须严格遵守保护要求，无论是建筑构件，还是门窗色彩都必须保持历史原貌。法律还规定新建筑要与老城区的古典风格相吻合，就像德累斯顿老火车站被改造成餐厅，虽然内部结构变化了，但外观依然保持了原貌。在德国，虽然城市建筑越来越高，但教堂的尖顶一直是视线范围内的标志，通向古老教堂的视角走廊非常通畅，无论站在城市哪个角落，都可以眺望到教堂的

尖顶，这时候，人的灵魂也似乎安静了下来。

一个民族只有充分尊重自己的建筑遗产才会有希望。在我国专门从事乡村建筑设计的人才稀缺，也很少有专业机构指导农民盖房子，因此导致我们的建筑遗产在模仿中失去了自我，乡村规划沦为工地临建房般的连排楼房，美其名曰干净整洁、便于管理。政府规划部门热衷规划大项目，修公园、建广场、美化街道，控制建筑高度和色彩，对传统民居改造嗤之以鼻。研究地域建筑和新材料结合的学者少之又少。在这种无序状态下，农民盖房子只要没有超出宅基范围，随便怎么盖也没有人管。于是，全国上下建筑抄袭之风盛行，城市仿照国外，乡村仿照城市，村仿效村，民居风格的差异性消失了。20世纪80年代以来，我国民居经历了历史上最广、最彻底的翻新建设运动,类似白宫、国会山等千奇百怪的建筑层出不穷。说到底,这是骨子里崇洋媚外的思想在作祟,短短30多年,就将老祖宗的建筑遗产抛弃得所剩无几了。故乡变成发达国家优美小镇的中国版,或许再过几十年都不记得从前的民居是什么样子了,只有到建筑博物馆里缅怀老祖先的智慧了。因此,我国南方村镇规划不同于北方村镇规划,东部也不同于西部,不能搞一刀切、用统一的模式去推广乡村建筑。地方政府要研究民居发展历史,针对不同区域制定不同规划要求,建筑师要研究新型材料如何和传统建筑结合,既降低成本还要简化流程,因地制宜推广符合地域特色的民居,节约土地资源,还要避免雷同。

英格兰的乡村

5. 继承与创新

正如法国建筑师勒·柯布西耶所说，长久以来，和许多从乡村走出来的朋友一样，我也是怀着欣赏和逃脱姿态穿梭于乡村与城市之间，扮演着农村人和新城市人的角色，既习惯扛起锄头下地干活，也适应在城市里贴着壁纸的餐厅包间觥筹交错、海阔天空，以不同角色体验着城市和乡村。

乡村没有汽车尾气，也没有霓虹灯闪烁，但寂寞。年轻人很少能拒绝城市的诱惑，他们宁可背上行囊在陌生的城市里流浪，也不愿意待在乡下创业，有些年轻人在城市打工挣到钱了就回老家盖房子，一代代人就这样周而复始。因此，大部分的乡村建筑是崭新的，村民的衣着是时髦的。人在城里待久了，有时莫名怀念农村，一有这念头就往乡下跑，其实也无非看看熟悉的老屋，这时候心里就觉得踏实多了。我家的老屋是一进小四间的四合院，夯土和青砖包角结构，建筑为硬山顶，屋脊铺瓦，保存较好。院内有滴水，但没有瓦当。有门道，但没有磨砖拼花。门墩是青石磨制而成，门簪及门上的铁质装饰部件也很普通，门槛已经换过多次了。院中庭有一株梧桐树，春天桐花盛开，迎风摇曳飘来花香，点缀着农家小院的酸甜苦辣。由于没人住，老院子垂垂老矣，四堵墙在风雨侵蚀下斑斑驳驳。我一直打算拾掇老房子，又下不了决心。每次回家，看到老房子就想起儿时的快乐时光，白肚皮燕子在屋檐下垒巢，小鸟栖在枝头叽叽喳喳，夜深人静时躺在土炕上，听着蛙鸣声酣然入睡。"青草池塘处处蛙"也不过如此……八九月涨水季节，渭河浊浪排空、翻腾不息，躺在炕上也能听见波涛声……农家小院承载着大量历史信息，这些信息对一个家庭来说有它的价值和意义，完全不像城市住房，就是一个封闭的水泥盒子，各家装修大同小异，哪有什么文化信息，更遑论文化传承？

今年春天，老同学到老家去玩，他们尽

兴之余感叹此处风景独好、民风淳朴，怂恿着我尽快改造，他们以后要来度假。遗憾的是老祖先选的这块地方交通不便，要上坡下塬、翻沟过渠，所以一直发展不起来。20世纪90年代中期，新宅基地被规划到了塬上平坦开阔地带，家家户户盖起了平房、楼房。但走在村子里，总觉得少些什么。究竟是古老乡村的温度，还是逝去的村落文明？我百思不得其解。随着左邻右舍陆续搬离，老村落不可避免地走向衰落，荒草满地、野兔出没，大部分老房子也被拆迁复耕，唯独剩下我家的老院子，像风烛残年的老人孤零零矗立在河畔。因此，改造总是提不起劲来。但是县城有钱人瞄上了这块荒地，说是要搞农家乐，但到现在也没见动静。土地越来越值钱，虽然国家对种地有补贴，但农民看中的是眼前实惠，没人愿意闷头种地，干脆出租省事。老家所在的县属于历史上有名的产粮区，现在都很少有人种地了，未来中国谁来种地？农业何去何从？这是个大问题。

相比一些古村落，我出生的村子既没有深宅大院，也没有名门望族，大多数属小户人家，即使谁家有漂亮的砖雕、木雕、石雕、拴马桩和上马石，这几年也被走村串巷的贩子们收购一空，村子的历史信息荡然无存。这样的村子在全国成千上万，在一般人眼里好像也没什么保存价值，普通农民不会忧国忧民，更没有义务承担乡村建筑的继承和创新，纵然老宅院传递着不同时期的历史信号，但当每个人面对工业化诱惑时，谁又能坚守得住呢？现在，农村人盖房子和城市一样，人工费越来越高，传统材料价高质次，盖一个传统四合院不仅造价昂贵，而且施工周期长，还要定制砖瓦，耗时又耗力，也很难找到合适的匠人，高昂的费用自然不是普通农家能负担得起的。新型建筑材料价格低廉，像预制板、水泥现浇，成型快、工期短，钢化门窗安装方便，这些都引导着乡村建筑向简单实用方向发展。宅基地都是一家一户规划好的，尺度一模一样，没有了传统建筑的错落美，家家户户都采用预制板和现浇，结构上分一层或二层，双坡顶或平顶，外墙用水泥拉毛或红砖毛坯，传统的正房、厢房等代表家庭等级观念的布局被省略掉了。回廊、照壁、门墩等所谓的"封建遗留"一概弃之不用。这样的房子虽然满足了住的需求，但美感却丧失了，遑论文化？传统建筑之美在于规制之美、协调之美、田园之美、生态之美、艺术之美和实用之美，这"六美"丧失了，民居还有什么味道呢？

令人欣慰的是随着农民收入不断提高，一些乡村精英和建筑师们认识到传统建筑的价值，开始尝试将现代材料和传统建筑结合，探索用新工艺改良传统建筑，这对保留乡村文明具有重要作用。在这种潮流中，如何因地制宜地开发新型建筑材料，并和地域文化有机结合起来，将是很有前景的产业。

农家小院如此，一些著名的历史文化村落更是面临传承与保护难题。党家村、同里、西递宏村、王家大院、乔家大院、永定土楼等古村落是中华村落文明的代表，它们的历史价值和艺术价值非常高，更需要完整地保留传承下去。这几年古村落旅游开发如火如荼，旅游业对于提高农民收入、发展地方经济功不可没，但打着保护幌子对古村落进行建设性破坏的新闻也不少。开发商看重的是古村落的旅游价值，在改造过程中难免急功近利，导致建设性破坏。有人认为："文化的征服是从文明到不文明的过程。"城市文化对乡村文化的侵略就是强势文化对弱势文化征服的过程，开发与保护的矛盾随时都在发生着，究竟是原地保存、保留固有的生活形态，还是拆迁后异地保存，社会各界莫衷一是。前年，我和朋友在渭南农村考察古民居，在一户农民家中，看到的景象是老房子土坯墙早已坍塌，柱础、雕花木格窗户、瓦当等建筑构件横七竖八地摆放着，照壁也只剩下一半，院落虽已残破不堪，但尚能想象出昔日主人的富贵。主人热情地请我们参观新建的楼房，新房建筑面积二百多平方米，三间现浇一贯到顶，欧式家具气派地占据着客厅。主人自豪地说已经花了20多万了，来年还要拆掉前面的老房子。主人津津有味地介绍，但我们心里却五味杂陈。新房是不错，但似乎少了坦然从容的生活温度。不过，屋主对此不以为然。这又是为什么呢？建筑继承是建立在人的基础上，如果人对此都冷漠了，这又何谈继承呢？难怪法国建筑思想家勒·柯布西耶感慨："在草木中、在水岸上、在树木的阴翳之中，获得真正崇高的精神力量，从而将今日腐朽衰败的农村彻底取而代之。"在勒·柯布西耶心中，乡村是衰败的、丑陋的，他终其一生都是在为"诗意而超然"的光辉城市奔波，谁能阻止科技革命把人类的伟大发明创造——城市，有可能再一次引向欲望的深渊呢？

毋庸置疑，当前农村经济和生活水平提高了，但乡村荷动鱼散、古木扶疏的情怀却消失了，古村落在商业化和传统的平衡中苦苦挣扎。龙应台曾对安徽的古村落发展做了

院落临街房开间宽,
有精美墀头,
正门已改造为现代样式

院落正房,一侧已经贴上瓷片

留意处尽得风华

精美的柱基

一进院落，正房方向

三种预测：一种是最淳朴的农民生活其中，在池边洗衣服、洗菜，邻里之间家长里短聊天；第二种就是把居民全部迁走，只留下空的建筑博物馆给游客参观；第三种情况就是把原著居民迁走，房子修好，再让商人入住进行经营活动，变成纯粹的旅游项目。"如果你只想赚钱，那么最具魅力的状态恰恰也是旅游收益最好的时候，这是一种正向的对比关系。也就是说，不谈什么公平正义、自然生态、永续经营等抽象原理，就是在商言商，用公平合理的制度去保留原居民的生活方式也是唯一能保证母鸡继续生蛋的方式。"[①] 托尔斯泰也说过："正确的道路是这样，吸取你的前辈所做的一切，然后再往前走。""继承和创新是一个民族的文化生生不息的两个轮子。不善于继承就没有创新的基础，不善于创新就缺乏继承的能力和活力。"文化需要在继承的基础上发扬光大，民居是传统文化的载体之一，传统民居的继承与创新还有待有识之士来开启，并引导普通大众形成自发保护的意识，让未来的乡村更有个性，更有文化中国的味道。

---

① 龙应台：《不能只取鸡蛋，母鸡也要照顾》，《南方周末》，2004年7月1日。

正房和厢房连接廊下砖雕,斑驳中透着沧桑

6. 建筑的冒险

自古以来，无论是手握大权的国王还是天才的建筑师、朝廷要员，还是文学巨匠、风流书画家等理想人士，都不乏建筑的冒险者。"在建筑中必然出现伟大变革，正如出现思想、政治和手工业方面的变革一样，都不是天然力量的自发结果，而是由个别人物的意志造成的。"①巴伐利亚国王路德维希二世就曾是有名的建筑冒险家。他虽然性格孤僻，但却是一个天才建筑师，有着童话般的城堡建筑理想。19世纪60年代，在阿尔卑斯山脚下，他主导建造了新天鹅堡。但自古以来封建帝王后裔的命运未必比常人好多少，路德维希二世尚未适应精致的城堡、细细欣赏阿尔卑斯山的风景，就被新的执政者带走后神秘消失在丛林之中。今天，这座浪漫城堡已成为德国最重要的旅游景点之一，著名的"浪漫之路"就是以新天鹅堡作为美丽句号。上百年过去了，这座旅游地标每年吸引100多万世界各地的游客参观，新天鹅堡造型也成为迪斯尼城堡的原型。路德维希二世治理国家未必值得称道，但他追求生活的理想——诗意地栖息，却被后人传诵。我想，这也算是路德维希二世对后世的启示吧！每个人心底里或许都有一个梦想——"我有一所房子，面朝大海，春暖花开。"

1934年，美国建筑师莱特应一位富商邀请，在匹兹堡市郊区熊溪河畔建造一所别墅，这座别墅后来被称为"落水山庄"。"落水山庄"背靠着山崖，就像从小瀑布间和巨石上长出来一样，潺潺小溪流经客厅。在乡下建造这样的房子是一次冒险，幸运的是莱特成功了。这座瀑布上的建筑给莱特带来了声望和财富，也成为美国当代建筑史上的杰作。建筑是人生的写照，建筑不仅凝聚着业主和建筑师的思想，诠释着理想化的生活方式——远离世俗，回归家庭和自然。其

---

①[英]彼得·柯林斯著，英若聪译：《现代建筑设计思想的演变》，中国建筑工业出版社，2003年8月版。

实,每个人在骨子里都有些冒险因子,如条件成熟,旅程又充满了乐趣,冒险也就成为勇敢者的游戏。法国建筑师勒·柯布西耶被誉为现代建筑史上的毕加索,他说:"城市并不能完全占据城市规划者的心灵,乡村也在召唤他的到来。"到农村去实现理想,这让人们想起沸腾的20世纪60年代,热血青年们背上行囊走向广阔的田野,满怀激情地去改造自然,他们都曾经怀揣兼济天下、舍我其谁的英雄理想,但最终不但没有改造乡村,反而被乡村消融同化了。现在城市成为建筑师的竞技场,乡村多少还保留着大量的机会,无论是路德维希二世还是"田园城市"的创立者霍华德,更有赖特,他们都一脉相承地实践着朴素的居住理想——"凿户牖以为室,当其无有室之用。"

在古代,受传统儒家思想影响,传统文人、官员大都有"达则兼济天下,穷则独善其身"的理想抱负,文化传统里也有"归去来兮"的风险意识和乡愁情愫,这些情感时隐时现,始终牵挂着官员、商贾和文人墨客的神经,乡下居所既是规避官场凶险的乐土,也是躲避战乱的世外桃源,寄托了脱去官服、穿上布衫后,"无我"的人生追求。陶渊明在南山下起茅屋,过起农夫生活,"种豆南山下,草盛豆苗稀";王维隐居蓝田辋川别业,与山林为伴,"山中一夜雨,树杪百重泉";王安石、张居正、曾国藩也都在人生辉煌时不忘"退"的艺术,在老家起屋造田,远观官场风云变幻。在广东中山县(现为珠海)保留下来的许多中西合璧的建筑,就是当年漂洋过海、躲避战乱的乡民们在发达之后回乡建造的。

建筑的继承绝非一番风顺,而是几多劫难。正如梁思成先生所言:"近年中国生活在剧烈的变化中趋向西化,固有的传统建筑及其附艺多加以普遍的摧残。"保留下来的也多是亭台楼阁、宫殿建筑、古老的庙宇、优美的牌坊、壮观的朝殿、精美的石窟、蜿蜒的城墙，而大量的具有代表性的民居则在历史的长河中遗失殆尽，关于建造这些民居的工匠及技法的记载更是凤毛麟角。

古人有乡村理想，今人一样。美国宾夕法尼亚大学建筑学院院长马清运就实践着他的乡村梦。陕西蓝田县玉山镇是他的老家，为了纪念父亲，他在老宅基地上建造了一所石头房子，被外界称为"父亲的宅"。机缘巧合，在一个春寒料峭的日子，我造访了"父亲的宅"，应该说他的建筑实践包括"父亲的宅"和山坡上的酒庄两部分。"父亲的宅"结合了关中地区传统建筑元素中的青砖、灰瓦，但内部装修却是西式的，石头房子取材山间小溪里的石头，这些石头用水泥砌垒加固成墙，有点儿像维多利亚时代的英国乡下屋舍，光溜溜的泛着光芒，石头颜色深浅不一，远远望去，"父亲的宅"就像一座堡垒。室内陈设现代，有洁净的陶瓷面盆，不锈钢橱柜、厨具，门是竹编的，室外有游泳池，高大的院墙挡住了外面风景。这一点不像关中地区的厦子房，围墙低矮、苔藓满院。山坡上的酒庄同样是青砖砌成，但一

How Culture & Creativity Drive The Country

改传统砌垒方式，墙面呈半镂空状。后来，马清运先生又应邀在西安东郊设计了一所酒店，也是青灰色的外立面，高翘的檐角，点缀着河畔风景。

在云南腾冲县城往北60多公里的新庄村，有一座手工造纸博物馆吸引了大量游客和建筑爱好者参观。博物馆是由木头、火山石这些在腾冲农村最常见的建筑材料建造起来的，这座稀奇古怪的房子却让小村子扬名海外。2012年，手工造纸博物馆获得美国《建筑实录》（*Architectural Record*）杂志评出的"最佳公共建筑奖"；2013年4月入围阿卡汗建筑奖。据说该奖是从全球400多个建筑精品中遴选出来的，中国入围该奖项前20名的只有这一栋。

报纸上有则新闻：在浙江安吉县，农民任卫忠盖的房子和别人不一样，他盖房子不用水泥、钢筋等新材料，而是用20%的黄泥搅拌着5%的石灰，砌起8米高的二层楼墙体，据说这种墙体冬暖夏凉。联合国环境规划署亚太地区办事处总代表实地考察后认为："这种建造理念和建筑模式可在全球各个国家大力推广。"一座完全采取当地材料、并掺合奇思妙想的建筑让一个普通农民一举成名，登上"亚洲绿色建筑高峰论坛"。小小民宅就是人的精神世界，累了在此休息，成功了在此分享，失败了在此疗伤。民居承载了农民朴素的生活理想，无论是白墙黛瓦、直冲云霄的马头墙、飞翘的屋檐、廊前的勾栏，还是青砖土窑、关藏财富的照壁，这些文化符号都有着深刻的文化内涵，一旦和新型建筑材料结合，就会产生新的建筑形态和耳目一新的居住效果，可喜的是这种诞生于乡村、最后又回归乡村的优秀建筑作品越来越多。这，既是建筑冒险，也是"路漫漫其修远兮，吾将上下而求索"的人生追求。

"土""洋"结合,时尚现代

第五章 创意改变乡村

1. 互联网时代的创意经济

互联网是这个时代最时髦、最普遍的标签。本世纪元年以来的十多年是互联网狂飙突进的时代，互联网依托科技，但内容却是创意的产物。关于创意,学界有不同定义："创意就是创造新意。""创意是以市场需求为导向，以原有资源为基础，以创意阶层复杂的思维活动和知识整合为核心产生的，具有新颖性和价值性的内容。"不管创意如何定义，"新颖性"和"价值性"构成创意的两个必要条件。创意和文化密不可分，它依托自主创新和集成创新，创造性地把人类的精神文明需求通过技术手段转化为可持续发展的产业。好的创意不仅能创造一个新行业，甚至可以挽救一个行业，引发行业革命。因此，创意的直接源泉是人的大脑所产生的知识、技术、想法、经验，尤其是奇思妙想，这些想法或实践活动推动经济实现跳跃式增长。

2014年国庆，天猫、淘宝总销售额突破500亿元大关。淘宝的成功依赖两大"法宝"——技术、创意。"苹果"手机横扫设计界，机身一体化的设计继承了"苹果"手机不能扩充内存的特点，2013年9月，苹果公司公布的数据显示：最新款iPhone 5s发售仅三天，全球店内销量破纪录地达到900万台。销量几乎是上年度iPhone5同期销量的一倍，远远超过了华尔街的预期。当年9月23日，苹果公司股价飙升6%，被中国网友称为"土豪金"的iPhone 5s金色版受到中国"果粉"热捧。上市初，在广州被炒至9,000 – 13,000元人民币(约合1,500 – 2,000美元)，比官方报价翻了一倍，如此高价，依然一机难求。有人编段子说有"三个苹果"曾经改变了世界：一个诱惑了亚当；一个砸醒了牛顿；最后一个被乔布斯掌握。归根到底，是创意和科技融合后提升了产品竞争力，提振了全球经济。现在创意产业在全球范围内每天创造超过200亿美元的价值，并以高于传统产业24倍的速度迅速增长，创意产业已经占美国国内生产总值的7%，日本甚至达到18.6%。在日本从事创意产业的约215万人，约占日本就业人口的5%，政府甚至成立"酷日本室"，推广日本动漫，民间成立"内容产品海外流通促进机构"，负责拓展海外文化市场。2010年，韩国文化产业总值占到国内生产总值的6.2%，各大专院校开设的有关文化产业学科的专业总数超过900个。据推算，目前在全世界范围内从事创意行业的人数达到1亿至1.5亿，这一群体被称之为"创意阶层"。10年前，美国经济学教授查德·弗罗里达率先提出创意阶层概念，弗罗里达认为美国社会已经分化成四个主要职业群体——农业阶层、工业阶层、服务业阶层和创意阶层，创意阶层是由从事科学和工程学、建筑、文化、设计、教育、艺术、音乐和娱乐的人们构成，是服务业和第三产业的主要工作者。如果说弗罗里达给出了创意阶层的广义概念，那么狭义的创意阶层还包括文化、观念、思想等"软实力"的从业人员，包括传统的文化、艺术、设计、媒体、广告、电影娱乐等人文学科产业，此外还有商业管理、金融、法律等知识服务经济，这些都是以创意阶层为核心的行业。

"当前，随着创意产业的深度耕耘，创意呈现与科技、经济的高度融合趋势，创意释放出强大的经济能量，驱动新的知识和信息的生产、传播和使用，推动产业的升级和再造，以及产业间的交叉、渗透与融合，拓展产业发展空间，提高产品的附加值和资源配置的边际效率。"[1]

今天，互联网就像阳光和空气一样，成为生活中的常态思维，成为企业经营中的常态思维。在人类科技发展的历史进程中，技术的变革是循序渐进的过程，互联网是继工业革命之后人类社会的又一次伟大变革，互联网是对人类生活方式和生产方式的一次颠覆，对有些行业不仅是冲击，更是洗牌。互联网不同于传统行业，要求参与者具备流量

---

[1] 季坤森：《创意与创意经济》，安徽人民出版社，2008年10月版。

思维、用户体验思维、互动思维、迭代思维、黏性思维和大数据思维等新思维。农业,这个人类历史上最古老的行业,能逃脱得了被颠覆的命运吗?

老磨盘,新用途

2. 谁在颠覆传统农业

互联网时代，人人都在大谈特谈颠覆传统。什么是颠覆？颠覆就是对旧有生产方式和生活方式的革命，是先进生产力、生产关系替代落后生产力、生产关系的历史必然。颠覆，理固宜然。文艺复兴是对欧洲野蛮黑暗时代的颠覆；工业革命是对手工生产的颠覆；王朝更迭是对旧制度和旧分配的颠覆；市场经济是对计划经济的颠覆。撇开社会制度，颠覆说白了就是用高效率来整合低效率。

互联网时代，颠覆无处不在。互联网、移动互联让许多曾经高枕无忧、前景光明的行业不寒而栗，甚至折戟沉沙。当年，柯达一统天下牛气冲天，一度垄断着全球摄影器材3/4的市场，柯达是感光和影像界当之无愧的霸主，曾研发出世界上第一台数码相机，甚至陪伴过阿姆斯特朗登上月球……但如今，这些光荣与梦想都属于历史。2012年1月，存活了130多年的柯达公司向美国法院提交破产保护。柯达，这个昔日的骄子被数码浪潮淹没得无影无踪。柯达一位高管幽幽地辩解："不是柯达不愿意创新，而是现实的诱惑太难以拒绝。"是索尼率先充当了颠覆者的角色，将柯达拉下神坛。但是今天，智能手机颠覆了数码产品，索尼也无可挽回地衰落了。2013年，在亚洲品牌500强排行榜中，索尼滑至第17位。2014年，索尼净亏损2300亿日元（约合人民币131亿元）。传统商场曾经风光无限，售货员的眼神高傲无比。但是国美来了，苏宁来了，硬是把家电业务从传统卖场分离出来。可是今天，淘宝、天猫、京东电商的崛起，让昔日的家电销售"双雄"日子不好过了，苏宁甚至宣布更名为苏宁云商。摩托罗拉、诺基亚也曾领跑手机市场，现在则消失得无影无踪，只是为MBA课程中增加了两个经典案例而已。苹果、三星江湖战犹酣，"敲门人"却早已磨刀霍霍，小米手机迅速蹿红，它更注重用户体验，和消费者甚至进行互动设计。华为、联想手机在崛起,手机的"江湖"彻底被颠覆了。康佳、TCL、长虹、夏新这些电视行业新贵曾颠覆了海燕、黄河等老品牌,但今天的日子也好不到哪儿去,连乐视这样的外行都来分一杯羹,乐视的出现会不会是压倒它们的最后一根稻草?

2008年秋天,教育界那只扇动翅膀的亚马逊热带雨林里的蝴蝶来了。

一个美籍亚裔青年为了给侄子授课,在网络上录制了自己的授课音频,并通过互联网发送给侄子。谁料想,这只"蝴蝶"竟然引发高等教育行业一场史无前例的风暴,在2012年达到了高潮。这只"蝴蝶"就是"慕课"(简称MOOC),在高校,传统课程的学生人数从几人到几十人、上百人不等,但一门MOOC课程则可达到上万人甚至几十万人。哈佛商学院教授克莱顿·M·克里斯坦森认为,MOOC是一个潜在的颠覆性技术,将可能消灭许多平庸的大学。这种颠覆会不会让教杆、粉笔、黑板、投影仪成为历史?那些承载了大师、大湖、大树,还有人生梦想的校园会不会因此而消失呢?教育专家们也难以回答。在传统旅游时代,消费者怎么去玩,完全是旅行社说了算。但互联网颠覆了这一切,携程、同城、途牛等自助旅游服务实现了"我的旅游我做主",自驾旅游、定制旅游、创意旅游等成了引领旅游业的先锋军。互联网时代,不创新就有可能走向绝路。技术进步引发人类阅读方式的革命,网络传播让草根有了发声渠道,年轻人根本就不看报纸和电视,更别指望依赖报纸、广播、电视、期刊等推出的格式化信息,现代报业在垄断信息资源仅百年之后,就无可挽回地走向衰落,网上书店加速了实体书店和书报亭的消亡速度。

颠覆已经渗透到各行各业。回顾农业发展史,同样是颠覆、重构、平衡、再颠覆的循序渐进过程。收割机、播种机、插秧机、除草机、粉碎机、旋耕机代替了镰刀、锄头、牛、骡、马。在关中地区流行上百年的"麦客"行业早就消亡了,农具进入博物馆,成为代表农耕文明的展品。联产承包责任制颠覆了大锅饭和干好干坏一个样的落后生产关系;机器化大生产颠覆了人扛牛犁的低效生产方式;设施农业颠覆了靠天吃饭的被动生产;CSA模式(定制农业)解决了菜农盲目生产导致销售难的问题;"一村一品"解决了重复生产、恶性竞争问题。农家乐的出现，让农民成为乡村旅游的生产供应商；到郊区承包菜园子的新型生产模式让城市白领体验了"晨兴理荒秽，带月荷锄归"的乐趣。相比其他行业，传统农业效率低下、经营粗放、销售渠道单一、信息化程度不高，这些弊端是制约农业产业化的枷锁。互联网的重要贡献在于解决了生产、销售和消费的信息不对称难题，让商品快速流通出去，让生产者和消费者能及时互动并产生黏性。目前，电商在家电、服装、数码、化妆品、休闲食品和日用百货等领域的融合渗透已超过17%。电商和农业的结合才刚刚起步，因此在互联网时代，传统的农业生产、销售、消费也将迎来史无前例的变革。如何让农产品快速实现电子商务化，产品更具有竞争力，生产者和消费者如何互动，最大限度增强农业体验性，这都是农业信息化过程中需要解决的问题，谁把握住了机会谁就能在竞争中胜出，保不准又将诞生一家伟大的农业电商企业。

因此，改变农业旧有生产销售方式同样在于思想颠覆。

3. 第三种生活

多年前，我看过一本书——《第三种生活——中国人未来生活方式预测》，该书的核心观点认为，自从改革开放以来，中国老百姓从为衣食温饱忙碌的第一种生活过渡到物质丰盈、有房有车的第二种生活；再下来就是如何过渡到文明、生态、健康的第三种生活。作者认为第三种生活是一个隐喻，它代表着对新生活方式的憧憬；第三种生活还是一种象征，它提供了美好生活的未来蓝图；第三种生活更是梦想，表达了人们渴望改变生活方式的愿望。第三种生活一旦风靡，说明随着经济生活的进步，人的生活节奏越快生活压力越大，社会各阶层愈加关注自我感受，渴望生活有所改变。

重构一种新的生活和生态系统就需要对旧有系统进行深入地研究。我理解第三种生活应该有多重标准：首先从信息传播角度分析，第一种生活是人际传播时代的生活。在农业社会里，信息传递技术落后，人们依靠鸿雁传书和马车、牛车运输物资，生活极不方便。第二种生活是大众媒介时代的生活。在工业革命后，汽车、飞机、电报、电话陆续出现，人类的传播运输方式发生变化，全球化的到来让世界变小、距离变短，人和人的沟通成本大大降低。第三种生活是互联网时代的生活。互联网带来传播方式的重大变革，即使宅在家里，天下大事也尽在"掌握"。互联网思维无处不在，每个人都得学会这种思维方式，因为它和日常生活、休闲娱乐的黏性越来越强，人们需要用互联网思维重构日常生活，这是人类传播方式的一次革命，如果不很快适应就会被淘汰。从人类生产和消费的方式划分，第一种生活是乡村生活，人们居住在乡下从事农业劳动，到城里购物、休闲；第二种生活是城市生活，人们居住在钢筋水泥盒子里，按时上下班，挤公车、地铁，节假日休息；第三种生活是乡村和城市兼而有之，两者之间可以自由转化。城市人既能享受现代文明和便捷服务，还能享受田园风光；农民虽然从事耕种、养殖、畜牧行业，但只是社会分工不同而已，没有高下之分，农民同样也能享受到城市的便捷服务，田园牧歌和舒适现代兼而有之。

这种生活方式是不是创新？当然不是。"田园城市"的研究早在100多年前就出现了。英国城市学家埃比尼泽·霍华德认为城市和乡村可以互相转化，他率先提出"田园城市"的设想，并推动英国在1899年建立了田园城市协会（Garden City Association），霍华德认为："城市磁铁优点是工资高、就业机会多、前途诱人，城市的社交机会和游乐场所是富有魅力的，灯光如昼的夜晚让人向往；乡村磁铁是美丽和财富的源泉，但是城市磁铁嘲笑地指出，它因缺乏社交而孤陋寡闻，因身无分文而寒酸拮据。乡村的有益身心的自然特点因排水和卫生条件不佳而大为逊色……""乡村是上帝爱人的标志。我们靠它吃穿，靠它抵御严寒，它的美是艺术、音乐、诗歌的启示，它的力推动所有工业机轮，它是健康、财富、知识的源泉。城市和乡村必须成婚，这种愉快的结合将迸发出新的希望、新的生活、新的文明。""人们在选择生活方式的时候，不只是有两种生活方式，城市生活和乡村生活，而是有第三种选择，可以把一切最生动活泼的城市生活优点和美丽、愉快的乡村环境结合起来。""田园城市"理论曾在英国和北美地区风靡一时，一度引发了欧洲小城市的规模性运动。近几年来，我国一些地方政府和开发商也在热捧"田园城市"，但在实际操作中大多有形无神，无外乎是在郊区开发一片独立区域，让城市中产阶级趋之若鹜，以为马上过上了"第三种生活"。白领们每天早早出门，晚上疲惫不堪地驾车一个小时甚至更长时间回到郊区。郊区虽然环境优美、空气清新、视野开阔，但是日常出行的通勤成本增加了，生活反而更不方便。

2013年7月，财政部通过一事一议、奖励补贴的方式在全国启动美丽乡村建设试点工作。2013年12月，中央城镇化工作会议召开，会议提出："城镇建设要体现尊重自然、顺应自然、天人合一的理念，依托现有山水脉络等独特风光，让城市融入大自然，让居民望得见山、看得见水、记得住乡愁。"将诗意的语言写进严肃的政府工作报告也是首次，预示着农村生态文明建设必将展现出更加蓬勃的生机和活力。或许，未来这种诗意的生活才是真正意义上的第三种生活——环境优美、产业繁荣、人民安居乐业，乡村有别致的农舍、干净的马路、便捷的购物和丰富的休闲娱乐……这样的生活是不是很美好、让人向往呢？资料显示：当前我国城镇化率达到52.6%，这是以常住人口为基数计算的，但按照户籍人口计算，城镇化率只有35.3%，城镇化步伐加快，户籍人口城镇化水平将会迎来最大限度提升。党的十八届三中全会明确提出："加快户籍制度改革，全面放开建制镇和小城市落户限制，有序放开中等城市落户限制，合理确定大城市落户条件，严格控制特大城市人口规模。"这为加快推进户籍制度改革明确了方向和要求。未来的中国有望是这样一幅美好画卷——城里人和农村人不分彼此，大家共享城市和农村的资源和文明，农村人可以到城里居住，城市人也可到农村居住，人们可以互换环境，形成新的生活、生态圈层。如果实现了，这将是城市和乡村的伟大变革。在通往变革的路途中往往会蕴藏着巨大商机，就看谁能先抓住。

改良后的关中建筑

How Culture & Creativity Drive The Country

4. 资本瞄上农业

中国约有五六亿人口生活在城镇，每天要面对衣食住行，这个庞大消费群体给发展现代农业提供了广阔的空间。农业和土地打交道，不仅辛苦，还受气候条件和不可抗拒外因影响，经营不好甚至有血本无归的风险。单打独斗的小农经济最多够养家糊口，现在尽管种粮有补贴，但依然难以调动农民种粮的积极性。今年，陕西关中地区秋雨连绵，玉米窝在地让人着急。国庆期间，我回老家，和乡党闲聊，虽然外面秋雨淅沥，但他一点儿也不着急，甚至兴奋地说："以后再不用担心收秋了。"这让我很诧异。一问才知道，他以每亩地1200元的价格把地承包出去了。据说承包人在村里包了好多地，要搞农家乐，秋后就开工，先栽树苗子再搞基建，村民都抢着让承包自留地。

我的老家虽然距离西安仅40多公里，但要上坡下沟，属于城市边的灯下黑，周边村子一直没有找到经济突破口，大多数农民固守传统，种植小麦玉米，一些种植果树的农户因为规模不够，造成销售不畅，同样苦不堪言。

现在，各种工商资本骑着"白马"飞驰而来，他们是来拯救"灰姑娘"的吗？

不排除一些资本投资农业是为了套取国家农业补贴，有些则是实实在在把握住了时代脉搏。资料显示：未来全球还可能会新增20亿人口，这些新增人口会要求粮食增产43%，肉增产75%。2011年6月，全球农产品同比增长了33%，中国农产品上涨了10%左右，这意味着我国农业将迎来发展黄金期，农业企业盈利水平会逐步上升，盈利增速也会超过工业。2006年，私募投资于农业0.56亿美元，到2010年则高达14.89亿美元。

资本为什么竞相追逐农业？一个重要原因在于土地资源的稀缺性。我国地少人多，可耕土地更少，但日益增加的消费需求和有限的土地资源成为资本跑马圈地的原动力。

资本进入农业领域主要集中在农产品的深加工、农资流通、有机种植、有机栽培、畜牧业、禽蛋类、牲畜类、林业、渔业等。2011年，网易公司对外宣布网易养猪场落户浙江省湖州市安吉县。从互联网企业一下子跨入古老的养猪行业，网易是不是不务正业？肯定不是。古人说："安身之本，必资于食，不知食宜者，不足以存生。"网易看好的是消费者对生态猪肉的需求，猪养好了，产生的经济效益不亚于互联网。2010年，联想宣布进军农业，推出旗下现代农业品牌佳沃，先后投资水果和葡萄酒板块。2014年3月，佳沃集团又宣布进军茶叶领域。据媒体报道，联想仅在果业领域的投入已经超过10余亿元，产品包括蓝莓和猕猴桃等多个品种。大资本觊觎上农业具有传导示范效应，许多中小企业纷纷跟进。而农业一旦和大资本耦合，其发展速度和发展空间超乎想象。

大资本追逐农业，闲散小钱也不甘寂寞，原来一些做工程的、搞房地产的、做广告的、搞餐饮的纷纷转型农业，他们就是看好农业远景。这些小资本主要集中在农家乐、休闲农庄、果园采摘、小型农产品加工销售、有机栽培、苗圃等领域。但是投资农业也不是那么好玩，相比许多行业，农业投资规模大、周期长、风险高，尽管困难重重，但依然阻挡不住投资者的步伐，在全国范围内农业投资如火如荼。乡村，正在走向时尚。

5. 什么是乡村创意

过年了,一位朋友送了我一袋面粉。见我推辞,他忙不迭解释:"不要误会,这不是扶贫,这面粉是用改良后的石磨子磨的,老工艺稀罕着呢,吃起来有麦香味,好吃!"后来家里做面条就尝试用这饱含老工艺的面粉,或许是心理因素,吃起来似乎就比普通面粉香。一次和朋友闲聊,他也感慨超市里面粉虽然种类繁多,但总也吃不出儿时的味道。他说一外地朋友用传统工艺加工面粉,价格比机器加工的贵了近一倍,但没想到供不应求。石磨磨出的面粉真就好吃吗?当然不见得。现代人食不厌精、脍不厌细,见多识广,一听说有石磨子磨的面粉,大部分人会条件反射地勾起童年记忆,于是竞相购买尝个鲜。这个时候,面粉已经不是物质意义上的面粉了,而是文化和乡情,价格自然高。

这就是创意的力量。目前,在全球范围内,文化创意产业已经成为推动城市经济可持续发展的重要力量。城市因创意而变得生动亲近,乡村如果和创意嫁接就会惠及千家万户,实现农村经济转型升级。综合本书前面谈到的乡村文化、乡村建筑、乡村生态和乡村旅游,是否可以给乡村创意下这样一个定义:乡村创意就是借助创意产业的发展理念,将创新思想、科学技术、营销方法和人文要素融入农业生产中,通过整合资源、嫁接创意、拓展农业外延,把传统农业生产和农耕体验、生态保护、观光旅游、休闲度假、养生保健、文化传承和古民居保护等融为一体的现代农业,即创意农业。

发展创意农业的目标:提升农村环境、增加农民收入、建设美丽乡村、留存山水家园。

创意农业包含要素:田、林、河、路、桥、居、食、具、山、水等自然元素和非自然元素。

20世纪40年代后期,著名社会学家费

孝通先生出版了《乡土中国》，他研究了以农业生产方式为基础的乡土中国全貌，认为安土重迁、落叶归根的乡土思想根植在中国人的血脉里，是乡土性维系着乡村社会的正常运转。今天重读，依然发人深省。世界已经成为地球村，互联网让信息沟通不再是问题，穷乡僻壤只是地域上的差异而已，而在思想观念上，无论是在深山老林还是荒漠孤岛，只要有互联网就会和世界紧密相连。农民工进城对乡土中国的冲击前所未有，导致人口在全国范围内流动，古老的乡村习俗冰消瓦解。但相比思想上的变化，乡村经济尚未实现匹配发展。在日本、韩国、台湾等国家或地区，乡村创意已经有可以总结的经验教训。发达国家的乡村创意是建立在对乡村社情、文化资源、生态环境、耕种习惯和民风民俗充分研判的基础上，挖掘乡村文化内涵，以差异化为出发点，导入现代创意思维，创造性地提升、改造、保护传承了乡村文化，动态展示乡村文化，让村民、游客参与其中，从而带动农业实现新的突破。创意农业对于农业升级换代、城乡统筹发展、中小城镇的建设和新农村建设意义重大。

为了充分论证这一观点，不妨先举个例子：秦岭是我国南北气候分界线，山势雄伟、势如屏壁、物种丰富。沿着秦岭北麓，一条优美的生态旅游公路沿山依势，从蓝田的汤峪开始蜿蜒往西，途经沣峪口—马召—西汤峪—法门寺—乾县—三原—阎良—渭南—玉山—水陆庵—东汤峪，这条环线像一条美丽的项链将关中大地上的重要生态景观、人文景观连接起来，带动了秦岭沿线的周至、户县、长安等区县的乡村旅游。环山线周边的村民因此得利，纷纷搞起农家乐，以沣峪口东边的杏王村规模最大。农家乐把村民从土地上解放出来，实现依靠农业旅游致富。此外还有葡萄采摘、草莓采摘、庄稼观光、生态养殖、水上乐园和创意农产品等

瓮是农村用来盛水和粮食的，现在成了景观

许多门类。从蓝田东汤峪向宝鸡眉县西汤峪总长度超过100公里，经过市场自然筛选后，这些农家乐不断升级换代，逐渐褪去脏乱差而向现代创意农业方向发展。西安周至沙·沙河中国第一水街就是乡村创意的一个成功案例，本书拟在第六章分析这个项目的成功原因。周末节假日，秦岭北麓环线人声鼎沸，大量游客驱车沿途赏景，摘草莓、樱桃、杏子、桃子，垂钓，泡温泉，吃农家饭。秦岭72个峪口个个山势峻峭、景色优美，吸引了全国各地的驴友探幽访古，从每年3月一直持续到11月中旬。这就是乡村创意魅力所在。当创意来叩门，乡村不妨打开农家小院主动拥抱现代文化创意。当下，旅游市场竞争激烈，乡村旅游同样刺刀见红，在这种竞争格局下，就要跳出传统耕作和采摘思维，只有与现代文化创意深度融合，才能找到农业生产的"蓝海"。

（1）创意农业的兴起

乡村创意依托的是乡村资源，涵盖范围很广，核心是要和农业生产结合。创意农业"利用农村的生产、生活、生态资源，创新构思，研发设计出具有独特性的创意农产品或活动，以提升现代农业的价值与产值，创造出新的、优质的农产品和农村消费市场与旅游市场。"创意农业是现代农业综合发展的新理念，它打破了传统农业的低效粗放，具有高科技、高附加值、高文化性、高效益等特征。创意农业开创性地将文化创意融入乡村元素中，是农村可持续发展的重要推手，也是让"居民望得见山，看得见水，感受得到乡愁"的原动力。

发展创意农业首先要对乡村的历史文化、自然山水、风俗村规、农业耕种和瓜果蔬菜栽植等分析定位，创意农业主要以农业创意旅游为抓手，以城市消费人群为客户资源，让城市游客了解乡村历史，感受乡村文化，体验乡村生活，实现传统农业生产的升级换代。因此，创意农业是以乡村生态文化、人文资源为内涵的创意，没有乡土气息和乡愁，乡村创意就没有生命力和竞争力。目前，乡村旅游开发中家家户户都搞农家乐，这表明乡村创意还处在初级阶段，随着社会经济的进步，创意农业将不断升级换代，这种原始简陋的产业很快将被淘汰。

（2）创意农业的特点

① 以农业为创意对象，以科技为动力基础，以文化意象为表现手法的新型现代农业。创意农业是以土地为依托，以农民生活耕作方式转变为手段，以吸引游客为目标的现代农业创意。创意农业通过开发特色农业、农业景观设计、农业休闲旅游、农村基础设施建设等一系列创新动作，转变农业传统耕作方式，实现农民依托土地就能实现致富，通过文化创意和农业结合，改变粗放经营和季节性耕作，发展特色农业、景观农业、科技农业、体验旅游农业等新型产业，给农业赋予了耕作体验、休闲旅游、生态度假等复合型功能，从而实现单位土地产出比最大化。创意农业不是以城市人群为客户群的简单旅游开发，重要目标在于构建现代乡村经济

改造后的老房子，搞起了农家乐

农具成了艺术品

体系,实现农村独立发展的目标。农村人既是农业创意的实施者,同时也是农业创意的受惠者,只有这样才能实现农村和城市真正互惠互利、均衡发展。

② 核心是文化创意,路径是通过文化科技实现农业增值。创意农业融入文化概念和科技理念,把传统农业耕种和文化旅游开发结合起来,并转化为更具审美情趣的产业形态,实现以生态旅游、休闲养生、体验耕种、采摘娱乐等休闲类产业为核心的全农业产业链条及特色农业产品。创意农业给农业赋予文化创意这一新内涵,给创意找到对接农业的途径,从而实现农业增值,让农民最终实现经济效益和社会效益双丰收。

③ 附加值高于传统农业。作为新兴产业门类,创意农业不局限于耕种、养殖、栽培等传统农事活动,而是和文化、科技、艺术充分结合,以较少的投入实现农业的高产出和高回报。比如,有些农民原来种植普通玉米,有一天他发现市场上粘玉米销路好、价格高,他就改种粘玉米,结果大获丰收。因为粘玉米富含维生素B1、B2及多种氨基酸,有机硒的含量是普

通玉米的5至10倍，营养价值高、生长期短。同样是玉米，但附加值完全不一样。所以，创意农业就是要把休闲养生、农业耕种、生态保护、田园旅游、特色餐饮、农舍创新、生态养殖、农业展演、副产品加工等产业门类结合起来，形成百花齐放、百家争鸣的现代农业大格局。

④经营主体是农民。创意农业要调动农民生产积极性，引导农民认识创意、掌握创意并运用创意，要充分发挥市场资源配置作用，鼓励引导工商资本、银行信贷、民间资本和社会力量参与不同特色的创意农业，从而带动农民就地就业、就地致富。

⑤促进农村生态环境改善。农村不仅提供农产品，还提供生态环境，但这种生态环境正在遭受破坏，其严重程度不亚于城市，农药残留、土壤变质等已成为制约农业可持续发展的关键。创意农业将单调乡村景观和农事活动变为可观赏、可体验、可游憩的文化空间，一个很重要的目标就是要改善农村生态环境，建设美丽乡村，实现农村地区经济形态和生活形态的整体提升，提高农民生活幸福指数。创意农业一般具有交通便利、距离城市近的特点，也不是所有的地方都适合搞创意农业，做不好会适得其反。

采用传统工艺榨油

How Culture & Creativity Drive The Country

6. 创意农业的运作方式

（1）景观创意

在农民眼里，就没有比农业更辛苦的行业，他们的劳动对象是土地，所谓的唯美画面——炊烟袅袅、渔舟唱晚、牧童横笛等都饱含着"遍身罗绮者，不是养蚕人"的心酸无奈，哪有什么"竹喧归浣女，莲动下渔舟"的闲适、静雅？随着城市生态环境的恶化，人们越发怀念乡村的美好，更有甚者愿意穿越回到古典乡村。据说，常年在秦岭山里隐居的隐士就有1500多人，他们不用手机，不上网，过着慢悠悠的神仙日子，在淡淡炊烟里，闲观"燕子飞回，绿水人家绕"……现代社会生活压力骤增，乡愁就成为现代人的普遍情愫，乡村景观是乡愁的载体，是乡土性的特色之一。乡愁虽然是情感需求，但也能带来经济效益，于是乡愁经济应运而生。比如农民种植果树，这原本是稀松平常的事情，农民只有卖出果子才能获得经济效益。现在不一样了，果子卖不出去没关系，只要有游客来体验，就会产生经济效益，不出果园同样能实现销售这一环节，而且是双倍增值。游客想方设法进入果园采摘，在采摘过程中体验了农事活动，似乎找到了乡愁。果园景观给游客能带来精神愉悦，愉悦就成为商品，游客需要购买才能获得，这也就是买乡愁体验。再比如，麦田、稻田、高粱、菜园，在农民眼里这些寻常作物都是庄稼，在游客眼里则成了风景，拍婚纱的、体验收麦子的、插秧的、除草的、掰玉米的游客纷至沓来，很多农民搞不懂，城市人简直就是花钱买罪受，其实这就是农业创意。

1933年，法国建筑学家勒·柯布西耶率先提出乡村景观营造概念。他认为，假如人们有幸能够在大自然中度过一段休闲时光，远离城市喧嚣，周围环绕着依照自然法则舒缓展开的四时景物，那将是非常美好的体验。半个多世纪后的今天，景观体验正在悄然改变中国的乡村。农业景观创意对象是土地及土地上的农作物，包括树木河流、湖泊山林、沟渠涝池、农家小院、蔬菜瓜果、家畜家禽等，农民通过规模化、差异化种植，形成可观赏、可体验、可消费的大地景观艺术，能有效提高单位面积的经济效益。城市生活同质化越来越重，在节假日，一家人开车去吃农家饭、睡农家炕、体验农耕生活成为城市人的常态休闲方式，这为景观农业提供了消费基础。比如，陕西汉中素有种植油菜花的传统，种植面积有100多万亩，每年清明前后，油菜花漫山遍野，彩蝶飞舞、花香扑面，到汉中观赏油菜花便成为周边城市人的时髦休闲。"夜来春雨润垂杨，春水新生不满塘。日暮平原风过处，菜花香杂豆花香。"（《安宁道中即事》，清·王文治）正是这种"菜花香杂豆花香"的景观艺术让游人趋之若鹜。广东清远县虽然僻远，但四季如春，适合种植薰衣草，当地政府因势利导，调整产业结构，形成集观光、休闲、教育、香草料理、香草、茶道等产业为一体的薰衣草经济，带动了农业转型，已发展为东南亚最大的薰衣草基地。

由此可见，农业景观创意大有前途。"稻花香里说丰年，听取蛙声一片""榆柳荫后檐，桃李罗堂前""开轩面场圃，把酒话桑麻"……谁说这仅是茶余饭后的诗词歌赋呢？诗人创造的这种情景交融、浑若天衣的文化意象蕴藏着巨大的商机，这些古典意象和文化创意一旦结合起来，就能复原出生动的乡愁景观，有了如此勾人心魄的乡村野趣，还担心没有人来消费吗？

（2）特色农业

特色农业适合于交通便利的大都市生活圈范围内，城市周边农村农业基础设施完

陕西富平陶艺村前院、后院

善,农业集约化程度高,当地农民收入相对较高,接受新事物快,融入大城市的愿望迫切。这种类型的乡村由于有城市支撑消费,发展特色农业得天独厚。特色就是要和当地消费习惯、种植传统、土壤情况、气候状况相结合。"橘生淮南则为橘,生于淮北则为枳",因此,因地制宜很重要。比如,成都市锦江区三圣乡是特色农业组团发展的典型,红砂、幸福、万福、驸马、大安桥等6个行政村组成5个乡村组团,构成"花乡农居""幸福梅林""江家菜地""东篱菊园""荷塘月色"五种不同农业景观,以农业景观为带动,以休闲经济为经济方式,以农民就地市民化为生活方式,整合了成都郊区农村旅游资源,形成了以农家乐、乡村酒店、国家农业旅游示范区、旅游古镇等为主体的农村旅游发展业态,促进了农业可持续协调发展,年均接待游客900万人次左右,年产值达1.8亿元,村集体收入达到

3583万元。通过景区建设，带动在区内从事多种开发经营的3000多户农民（11500多人）全部就地转为市民，解决了农民的就业安置问题，加快了城乡一体化的步伐，带动了商贸业、服务业等相关产业。

（3）民俗节庆

民俗，即民间风俗，指某一民族或区域中广大民众所创造、享用和传承的文化现象。民俗由区域历史文化、乡风村俗、伦理道德和紧密的邻里关系构成，贯穿在日常生活中，是看得见摸得着的社会现象，优秀的民俗具有较高的艺术审美价值。民俗有物质民俗、社会民俗、信仰民俗、游艺民俗和民间文学等。优秀的民俗文化经过整合、包装、推广后就会产生经济效益。因此，以民俗节庆文化为基础，挖掘乡村历史文化资源，建设民俗体验区、民俗展演区、民俗保护区，通过民俗文化的传承和创新，既能提高农村人口文化素养，还能形成农业旅游亮点。比如，陕西户县农民画、安塞腰鼓、华阴老腔、紫阳民歌、华县皮影戏等民俗，乡土气息浓郁、地方特色强烈、观赏性强，有条件的乡村可以此为出发点，认真调研、整体规划，调动社会资本和农民参与民俗园区建设，带动民俗游和节庆游，让游客可观、可体验、可消费、可回忆。

（4）遗产保护

文化遗产是人类发展历史进程中，具有

突出的普遍价值的历史文化遗存和精神财富，是传递人类文明的物质和信息载体。乡村文化遗产包括古村落、特色民居、风俗习惯、民俗节庆和语言文字等。近年来，乡村文化遗产旅游日渐升温，一方面是文化遗产的价值被大众熟悉并认知，另一方面是旅游业的有力推动，也就是亚当·斯密讲的"市场那只看不见的手"在发挥作用了。无论是凤凰古镇、周庄、同里，还是韩城党家村、山西乔家大院，旅游业已成为这些地方的主导产业，无论是地方政府还是村民，都尝到了遗产旅游的甜头，自觉地加入遗产保护队伍中来。

当然，不是所有的村子都有历史故事、人文传奇和精致的建筑，这就要根据村落特点，因地制宜、合理规划，宜农则农、宜游则游，既不能"为赋新词强说愁"，也不能竭泽而渔。文化类型的乡村需要平衡好乡村遗产（比如特色民居）保护和旅游开发的矛盾，不能为完成城镇化指标，大拆大建，一切推到重来，也不能打着保护旗号，因噎废食、裹足不前。文化遗产具有脆弱性的特征，因此，在古村落保护过程中应遵循先保护再发展的理念，同时注入当代人对文化遗产的思考。历史从来都是继承与创新的更迭过程，文化型乡村的城镇化就要比普通乡村有难度，因此要心存敬畏，要努力做到四个保护：一是保护民居特色；二是保护生态环境；三是保护非物质文化遗产（民俗）；四是保护乡村肌理，让遗产保护既能体现文化的积淀延续，还要符合当代人的生活、生产、消费需求，宜居、宜游、宜商。

（5）生态保护

乡村天然具有生态优势，这是乡村环境优于城市环境的关键。自然本无生命，它的价值在于人的认知，城市环境已经不可避免地遭受破坏，不能让人类的残暴在乡村再次上演。一些山区虽然交通不便，配套设施落后，但因生态环境好，通过治理改善同样能达到繁荣乡村的目的。比如，浙江省安吉县是我国首批休闲农业与乡村旅游示范县，安吉县就是把生态保护和旅游休闲结合起来，从而带动乡村旅游业蓬勃发展，农民转变为第三产业者，"安吉模式"甚至被誉为"社会主义新农村建设实践和创新的典范"。

"山不在高，有仙则名。水不在深，有龙则灵。"城市是人类改变自然的伟大作品，但生态环境却是上天赋予乡村的瑰宝，那壮阔的哈尼梯田，不正是摄人心魄的大地艺术？那辽阔的草原、奔驰的骏马，不正是壮志在我胸的豪迈？那郁郁葱葱的竹林、峰回路转处的白墙黛瓦，不正是线条充沛的水墨画？保护乡村生态环境，构建人与自然的和谐，既是建设美丽乡村的应有之意，也是城镇化建设的必然方向。

（6）建筑创新

赖特认为"建筑的意义不是屋顶和墙，而是人们生活于其中的空间"。建筑是材料在空间中的组合，建筑不仅遮风避雨、供人交际和工作，优秀的建筑还像凝固的音乐、精美的艺术品，虽历经人为之破坏、风雨之摧敲而岿然不动，成为宝贵的文化遗产。乡村建筑见证乡村文明历程，传统的乡村建筑体现天人合一、尊卑有序的中国哲学。住宅要说舒适洋气，自然是越现代越好，若是发展乡村旅游，则越古老越好，越是能代表地方特色的建筑、土的建筑反而越吃香。近几年，复古之风盛行，门墩、门扇、架梁、柱础、桌椅板凳等老建筑构件、老家具吃香了，这些看似不搭界的构件一旦组合起来就成了风景。有的乡村建筑既继承传统建筑特点，又结合现代建筑理念，只要稍作改造，同样引人入胜。建筑，既能营销城市也能营销乡村。西班牙北部小城巴尔比鄂就是靠建筑从一个没落的资源型城市转型为旅游目的地城市，是古根海姆博物馆让这个城市再度被世人关注；洛杉矶的流水别墅仅经百年就成为文化遗产。山西应县木塔和乔家大院、广东开平碉楼、福建客家土楼、四川大邑刘氏庄园等，都是散落在民间的建筑珍珠。有人说这是祖先留下的基业，搞旅游当然容易得多，没有这些资源的乡村怎么办？其实，只要认真研究地域文化，结合当地民俗、地脉和史脉，同样能创造出惊喜。陕西蓝田县玉川山沟里的"父亲的宅"让玉川为外人所熟悉，这是美籍华人建筑师马清运献给故乡的礼物。"父亲的宅"坐落在和缓的坡地，结合了关中建筑特点和西方建筑理念，创造出新中式的"厦子房"，粗糙肌理和光滑石头组合的几何体成为山沟里的风景。可想而知，一个山谷里突然冒出这样一个既前卫似乎又熟悉的建筑物，无疑具有强烈的视角冲击，"父亲的宅"对关中地区建筑形态的影响是深远的。

沙·沙河中国第一水街同样是一个无中生有的乡村旅游项目。项目位于陕西周至县城南，依托废弃河道，复原了大量关中老房子，茅舍故园、青砖灰瓦一下子把人的记忆拉回到改革开放之初。项目历经两年建设周期，还没有完全建成时就成为陕西乡村旅游的亮点，2014年清明、五一假期，接待游客30万人次。

　　因此，建筑创新是乡村创意的重要内容之一。乡村规划不应照搬城市规划和建筑，要研究地域文化和建筑特点，因地制宜建设属于乡村的房子，同时还要和现代建筑材料结合起来，实现建筑形式和功能上的创新，既不哗众取宠，也不流于庸俗，规划最有吸引力的乡村空间，建设最有地方特质的别舍小院。

　　（7）地方饮食

　　一部《舌尖上的中国》搅动了中国人的味蕾，那些即将消失的民间美食、民间工艺就是乡土中国变迁的缩影。乡土的就是世界的，民间食物"土"得掉渣，"土"得特色，"土"得让人垂涎欲滴，越"土"反而越吸引人。俗话说"一方水土养一方人"，这句话包含着文化认同和身份甄别，城镇化"以人为本"就是要维护人的尊严，保留老祖先留下来的乡村肌理。费孝通先生回忆早年出国学习的情景时说："我初次出国时，我的奶妈偷偷地把一包用红纸裹着的东西，塞在我箱子底下。后来，她又避了人和我说，假如水土不服，老是想家时，可以把红纸包裹着的东西煮一点汤吃。这是一包灶上的泥土，使我更领略了'土'在我们这种文化里所占和所应当占的地位了。"城市美食代表"洋"，地方小吃代表着"土"，"洋"是别人的，"土"则是家的感觉——自然、朴实，如同陕西人爱吃凉皮，山西人爱吃老陈醋，山东人爱吃煎饼卷大葱，广东人爱喝早茶，云南人爱吃米线一样，这是自小形成的口味，走到天涯海角都很难改变。有一年出国考察，我们一行六人在洛杉矶满大街找吃的，突然看见一个四川餐馆，不用说，大伙一拥而入，大快朵颐。这就是故乡的味道在召唤大家，世界再远，但故乡的味道总是让你牵肠挂肚。因此，农业创意就要抓人的心理需求，城市里大鱼大肉吃腻了，去农家乐吃个"土"鸡蛋都觉得香。以前，哪有什么"土"鸡蛋、"洋"鸡蛋之分，鸡蛋就是鸡蛋，是工业化饲养让鸡蛋变了味，因此"土"鸡蛋才成为"乡愁"的载体。所以，乡村创意就要以"回忆乡村味道"为出发点，挖掘民间老汤老味，体现独特工艺，同时不断改造创新，就会成为独具特色的乡村饮食产业。

（8）乡村博物馆

博物馆是承载一个民族、国家、区域和城市的文化记忆，是人类寻找文化认同、文化差异的重要载体。我就有切身经历，不论到哪个城市出差旅游，若时间允许就一定要去当地博物馆参观。2008年全国博物馆免费开放后，普通观众特别是老人和孩子参观博物馆的人数明显上升。陕西历史博物馆馆藏文物37万余件，从上古蓝田猿人、周礼器物、秦制文明到大汉雄风、盛唐气象，时间跨度长达一百多万年。我曾多次想带孩子去参观，但每次看到门口长龙般的领票队伍就望而却步。乡村博物馆这几年异军突起，博物馆虽然大多位置僻远、交通不便，但丝毫不影响参观者的热情。陕西富平陶艺村博物馆、秦岭北麓的关中民俗博物苑、四川建川博物馆聚落、腾冲古法造纸博物馆、浙江安吉生态博物馆都属于乡村博物馆里的翘楚。此外，还有许多特色各异的农具博物馆在各地都雨后春笋般出现。

乡村博物馆是乡村的"记忆机器"，在我国是新鲜事物，但在西方发达国家却比较普遍，这主要得益于工业化中后期西方国家乡村休闲旅游的兴起，从而带动了乡村博物馆的繁荣。国外的乡村博物馆五花八门、千奇百怪。英格兰北部湖区小镇凯西就有个铅笔博物馆，博物馆里展出的全是铅笔；德国西南部的黑森林（Schwarzwald）地区有个福克特农庄（Vogtsbauernhof）露天博物馆，保留着1570年以来的农舍牛棚；罗马尼亚布加勒斯特有个乡村博物馆，由70个农家小院组成。乡村博物馆对乡村旅游的贡献逐年增长，因此要抓住潮流，因势利导，策划一些特色鲜明、生动活泼的乡村博物馆。同时，博物馆不能老端着，要放下身段、不拘一格、寓教于乐，这样既保留了乡村记忆，还丰富了旅游市场、营销了乡村，最终受益的还是农民。

以上列举了八种农业创意的路径，"书上得来终觉浅，绝知此事要躬行"，农业创意不是孤立、相互隔绝和单打独斗，而是渗透发展、借势成就：民居保存好的乡村就发展古民居旅游；工业基础好的就发展工业；生态环境好的就发展生态旅游；民俗荟萃的就发展民俗旅游；以林木瓜果为主业的就搞采摘和果品加工。只有乡村百花齐放、百鸟争鸣，才会"各美其美，美人之美，美美与共，天下大同"。

农家小院一隅

7. 乡村创意要坚持"六美"

自然美：乡村是和城市完全不同的地理空间，乡村景观、住宅、生产和生活方式都有别于城市。我国有将近68万个行政村，有些已经城市化了，但大部分还是保留了优美的田园风光，这些都是乡村的竞争力。因此，乡村创意就要保持恢复乡村自然美，营造风光旖旎、田畴交错、鸟语花香的自然环境，维护乡村生物多样性，不要一味克隆城市景观，城市已经够大够多了，留点儿田园，既是对乡村负责也是对子孙后代负责。

个性美：城市有个性，乡村亦然。北方乡村、南方乡村、西部乡村和东部乡村地理表象不同、建筑不同、种植方式不同、语言不同、饮食习惯不同、风俗习惯不同，正是这些不同才构成了乡村的个性美和差异美。乡村创意要尊重这些不同，不能成为标准化的产物。

生态美：新农村之新在于生态环境和人居环境改善，要提高土地资源利用率，推广节能建材、节能建筑，减少废弃物排放，降低对化肥、农药等的依赖性，让人、动物、牲畜、自然环境各美其美、和谐相处。营造生态环保的人居环境，促进生态文化、生态文明的可持续发展。

现代美：乡村同样需要舒适的现代生活环境，生活本质是追求美和真理，乡村不能成为城市的陪衬品，不能成为部分人欣赏部落生活的橱窗。乡村创意从规划阶段就要现代、科学、合理，要有污水处理系统、社区公共设施和服务，推广公交出行，让传统文化与现代文明相映成趣，而不能成为陈旧的古董。

整体美：亚里士多德认为"有机的整体就是美"。乡村是由田畴、道路、住宅、果园、池塘、山水等构成的有机整体，它们相互依存。一些有名的古村落都是"侧重美"（特色美）和"整体美"的和谐统一，乡土、乡音、乡情、乡景、乡宅、乡具等要素组成了乡村的整体美，缺少一个就少了乡土特色，也就少了"特色美"。乡村创意要综合治理农田生态系统，建设田畴、道路、蔬菜、瓜果、山林、水渠的合理路网，让宅在景中，人在画中，田畴交错，和谐统一。

建筑美：建筑既是城市的名片，也是乡村的名片。乡村建筑凝聚着先民智慧，传承着乡土文化，丰富多样的乡土建筑构成中华民族璀璨夺目的建筑艺术。乡村建筑对自然山水依存度高，具有宗族特点和区域文化特征，城镇化不是要消灭乡土建筑，而是要传承更新乡土建筑，使之更现代、更适合人居。建筑创意作为乡村创意的一部分，要强化乡土特征和地方差异，不能千篇一律，对传统的乡村建筑更要加强保护，既不能因噎废食，也不能全盘否定。

文化美：乡村之美美在文化多样性，城市已经大同小异，不要让城市文化殖民和建筑殖民蔓延到乡村，保留乡村文化多样性、语言多样性、建筑多样性和风俗习惯多样性尤为重要。在乡村创意过程中，原来落后的东西有可能成为后发优势，这些优势通过科技手段转化后就能服务于新农村建设，服务于城镇化的国家战略。

8. 土特产也需要创意

人类社会步入了创意经济时代，创意不同于金融业、制造业，也不同于一般服务业，创意不用担心经济不景气，在经济低迷时期反而能给人带来信心、安慰和调剂生活，创意代表了未来生活方向。

在全球范围内，有两个公司都以创意取胜，产品风靡全球半个世纪依然活力四射。一个是瑞典宜家（IKEA）公司，产品涵盖人一生所使用的家具、照明、纺织品、炊具、储藏等，大约有10000多个品种，并且在全球38个国家和地区都有自建的商场，仅中国大陆就有14家，先是在北上广流行，后来发展到杭州、深圳、天津，据说将在2016年上演"西行漫记"，在西安开店。宜家所到之处就会兴起一股热潮，培养了大量忠实的粉丝。这就是创意的力量。英国媒体曾评论宜家："它不仅仅是一个店，它是一个宗教；它不是在卖家具，它在为你搭起一个梦想。"另一个公司就是H&M，还是瑞典公司，诞生于"二战"后。半个多世纪以来，这家服装公司从寒冷的斯堪的纳维亚半岛开始远征，不过比麦哲伦、哥伦布走得更远。H&M在全球28个国家拥有3000多家专卖店，每天生产着从婴儿到老人的各款时装，时尚达人的衣橱里一定有H&M的踪影。

两个商业巨擘与农产品有什么关系呢？当然有关系。是创意改变了世界，改变了商业模式。农业同样需要创意，互联网时代，一切都是快销品，超市货架上的商品能让顾客驻足5分钟吗？估计很难，新品牌更是难上加难。在这种被动接受消费者挑剔眼光的时代，任何产品上市首先要吸引眼球，才会被消费者关注，进而对比、下单。索尼、三洋、尼康、佳能曾是科技+创意的领跑者，现在苹果手机是旧有系统的颠覆者，是科技+创意+体验，诺基亚抱残守缺，摩托罗拉固步自封，它们不注重用户体验，很快被市场淘汰。小米手机、锤子手机同样也以创意取胜。相比之下，农产品和创意结合不够紧密，土豆就是土豆，萝卜就是萝卜，白菜就是白菜。读MBA的时候，营销学老师讲了个"卖猫"的故事，让人捧腹。一个乡下人家里养了一只小花猫，这只猫生了3个小猫，主人不愿意养这么多小猫，怎么办？于是，这个乡下人提上篮子带了一只猫到镇上去卖，半天没有人问津。"日高人渴漫思茶"，到了下午，好不容易来个人，看着小猫可怜，就花了5块钱买了。乡下人回到家，想了很久，剩下的猫如果还这么卖，既卖不了好价钱，还耽误时间。第二天一大早，他把猫打扮了一番，又提着篮子到了镇上。这次他不再吆喝"卖猫啦！"，越吆喝越没人。他大声喊："卖咪啦！"周围人很快聚拢过来。"咪"不就是"猫"嘛！但是，看着小猫毛茸茸的可爱样子，有人动了恻隐之心。这次，这只"咪"卖了10块钱。不到中午，不但把猫卖了，而且还多卖了5块钱。乡下人高兴啊！晚上回到家，看着最后一只猫，他又想出个主意。第三天，艳阳高照，乡下人又来到镇上。这次他不急不缓，也不吆喝，而是给猫篮子上挂了个牌子——波斯猫。围观的人更多了，大家都询问价格。有了洋名字，猫咋看咋觉得顺溜可爱，最后有人出15元。乡下人高高兴兴地回家去了。同样三只猫，为什么价格不同？这就是营销起的作用。如果故事继续讲的话，乡下人就会通过互联网、支付宝,甚至竞拍将猫卖到天价。

人都要吃鸡蛋、白菜、萝卜、大豆、小米、红薯,凡是标注什么高山有机蔬菜、无公害蔬菜的蔬菜价格就明显高出一大截,人工饲养、不添加任何饲料的散养鸡、散养猪价格就更高。消费者越来越注重饮食安全和健康,超市货柜里那些清新的、散发着浓郁泥土芳香的农产品,包装别致就很容易吸引消费者眼光。去日本旅游,大家少不了逛商场,商场里的产品无论大小都包装精致,即使买一小包糖果,或者是一小罐抹茶、蜂蜜、糕点,售货员都会用干净漂亮的花纸包好,如果下雨还会套上个塑料袋,细心周到,让你不由得产生购买欲望。端午节前,我到朋友家聊天,朋友兴趣盎然地拿粽子招待。这粽子还真不一样,手工纸质袋子印着精美的秦岭山水,亚麻色的纸张有种朴素美,上面勒一个油麻纸搓成的带子,粽子长条形状,用秦巴山里不知名的树叶包裹着,红豆馅,充满山野之趣。朋友拿手机让我看了段视频,是制作粽子的过程,一位老奶奶在山间小屋神闲气定包粽子,流水潺潺、风景如画,简直就是世外桃源。粽子是什么味道不记得了,但创意让人难忘。互联网时代,创意就是生产力,一个小创意能撬动一个产业。让人再次感慨,三流企业做产品,二流企业做标准,一流企业做文化创意。

土特产的"土"是其天然特征,也正是竞争力所在,只要"土"得有创意,就能激发消费者的购买欲。比如,利用现代育种技术生产出长着眼睛的南瓜,长在架上的西瓜,黏性玉米,彩色的茄子,花盆里的西红柿、小葫芦等,这些农产品可爱清新、美学价值和实用性兼而有之,谁能说消费者会不喜欢呢?是创意让农产品更具竞争力。

How Culture & Creativity Drive The Country

9. 文化和艺术可以拯救乡村吗?

"现代中国对于乡村文化不仅仅是一个控制的历史,而且还是一个改造的历史,其合法性的依据是极端化的对于传统与现代、城市与乡村以及文明与野蛮之间差异的想象。借助这种想象而发起一轮又一轮的、看似全新的对于乡村社会以及文化还有他们的生活方式的改造。"[①] 城市是文化汇集的地方,但对于乡村文化,大部分人有种误区,认为乡村文化无外乎民间曲艺、风俗习惯、宗教信仰、家族观念等,还有的认为乡村是文化盲区,乡村文化就是封建迷信、落后贫穷、不卫生和信息闭塞。岂不知,我们的文化诞生于乡土之上,传统文化的起源发展和乡村紧密相连,是乡村孕育了城市文明。

在本书第二章谈到乡村变迁,主要是因工业进步,城市崛起解放了生产力,工业文化取代了农耕文化,在全球范围内大规模的工业生产导致人口向城市、工厂集中,农业不再是人类主导型的经济活动,成为工业和近现代城市服务业的辅助产业。城市文化对乡村文化、乡村价值观构成巨大冲击,致使乡土中国瓦解,"乡村的熟人社会正在被半生半熟,甚至陌生的社会取代"。有人认为:"当一种旧文化瓦解,新文化尚未建立起来的时候,文化就会出现短暂空白,这个时候外来文化就会轻而易举转化为主流文化。"乡村文化面临种种危机,旧的乡村文化在瓦解中,但是新文化尚未形成,在这样的空档期,城市文化自然成为乡村文化的模仿样本,不管是被动接受还是主动拥抱,乡村文化正在逐渐被城市文化同化,以工业为导向、以城市社区为基础的"城乡二元结构"是"三农"问题的根源。大规模拆迁建设将农民生硬地转化为市民,但生活习俗却难以短时间内改变,生活方式依然是乡村的,农民从身份认同上既不是城市人,也不

---

① 赵旭东:《文化认同的危机与身份界定的政治学——乡村文化复兴的二元背反》,《社会科学》,2007年1月。

是纯粹意义上的乡下人。梁漱溟先生曾经说："中国文化的根在乡村，新中国的嫩芽必须从旧中国的老根——乡村中长出来。"在乡村，文化成为点缀，一个乡村并不依赖艺术和文化而存在，这没关系，艺术和文化虽然是锦上添花，但它的意义在于帮助乡村生活更加诗意化，乡村之美美在自然，但没有了文化，诗意又从何而谈呢？

文化究竟能给乡村带来什么？如何构建乡村文化？

首先，重构乡村文化是新型城镇化建设的重要组成部分。中国文化根在农村，新型城镇化的核心是人的城镇化，"城乡二元结构"导致城市文化和乡村文化出现巨大落差，乡村成为文化落后的区域，要实现城乡统筹发展的目标就必须加强乡村文化建设，实现乡村文化的全面复兴，以文化带动乡村和谐发展。

其次，重构乡村文化是凝聚乡村精神、实现乡村有序发展的需要。乡村精神的丧失是近来中国的重要变化之一。在传统中国的进程中，乡村文化曾以独特的秩序规范约束着村民的衣食住行。乡村文化是农民的精神依托，要解决乡村道德滑坡和道德碎片化问题，就需要对乡村文化进行重构，发挥新时代乡贤的独特引领作用和标杆示范效应，以先进的乡村文化引领乡村经济建设。

第三，乡村文化对发展乡村旅游具有重要推动作用。乡村旅游的本质是乡村文化为主体的旅游，乡村文化包括生态和人文两个方面，这两方面构成了乡村旅游的重要动机。因此乡村旅游要梳理研究乡村文化，挖掘乡村文化的核心要素，实现旅游兴村、旅游富民。

第四，乡村文化是让文化艺术的生活方式成为引导乡村精神生活的灯塔。乡村既是地理空间和生产空间，也是生活空间和文化空间，在长期的人与人、人与自然、人与社会的互动过程中，这些空间相互交织耦合，形成了不同的乡村文化。乡村文化以一种独特的方式规范着农民的生产秩序和生活秩序。文化虽然不能拯救乡村，但可以规范农民的衣食住行，成为乡村的精神灯塔，重塑乡村精神，推动乡村再造，实现乡村物质文明和精神文明共同进步、和谐发展，实现乡村的全面复兴。

10. 培养乡村创意人才

看报纸时读到一篇文章《回想一所农业中学》（《光明日报》，2014年6月18日，张国云），深有感触。作者在文章中回忆在苏北地区有个千年古镇——曲塘，这个诗意的名字来源于"曲水人家，荷塘月色"。1958年，新中国第一所农业中学在这里诞生，陆定一题写校名。1988年，陆定一再次为学校题词："感谢同志们三十年辛勤劳动，除了农业技术以外，还要学习农业经济，适应社会主义商品经济的要求，展望未来，农业是一个难关，必须及早注意，加以解决。"但遗憾的是，在城市化蔓延到乡村的时代背景下，学校被拆迁了。作者追忆乡愁，发出感慨："带'农'字的学校为什么生存就这么难。"不仅是苏北地区，看看全国乡村也都大同小异，农业中学寥若晨星，留下来的举步维艰，大多转型为汽车修理、电焊加工、服装设计、美容美发、厨师培训等短平快的学校。想想小时候中专学校很吃香，毕业后分配到县上乡上的农技站、粮站、棉花厂、卫生院，穿上体面的的确良白衬衣，戴上崭新的草帽在田间地头指导农耕，无论是家里还是本人都觉得扬眉吐气、以后衣食无忧了，撑了家里面子，所以只有那些尖子生才有资格进入。现在回想，当时的政策实现了乡村精英离乡不离土、就地就业的制度设计。这么多年过去了，乡村除了冠盖绝伦的绿荫和一望无尽的田畴，还有看不到尽头的劳作，没有酒吧、茶舍、迪厅、电影院等丰富的城市夜生活，也没有书店、麦当劳、星巴克，以及精彩的街景。乡村太寂寞了！乡村信息不发达，农闲时节，乡下孩子只有看电视、打游戏和上网聊天。农业耕作机械化程度越来越高，原来三个人手干的活现在一个人就可以完成，单位土地面积根本不需要富余的劳动力，农家子弟不能实现就地就业。而城市却在不断狂飙发展，"摊大饼"式的膨胀，农田里起屋盖楼，大

How Culture & Creativity Drive The Country

量的剩余劳动力就进城从事最基础的建筑行业。刘易斯·芒福德说："城市就像一个巨大的容器。"这"容器"宽容地接收了所有来淘金改变命运的乡下孩子。乡村优等生们通过自身努力考上大学，跻身城市改变命运，只有很少一部分愿意回到乡村。那些没有上大学的自然没有办法跻入城市"容器"，又缺乏必要的就业指导，农村孩子只有到城市打工这一条路可供选择，但他们又无法主宰自己的命运，在城市只有从事建筑工人、服务员、调酒师、快递员、油漆工、汽修工、洗车工、房产销售员、厨师等职业，成为支撑城市不断膨胀的基础单元，只有很少一部分人才能通过自身努力，加上运气进而跻身主流社会。

为什么乡村农业学校如此艰难呢？原因是多方面的。既有政策导向、重视程度不够的因素，也有招生难的原因，更有就业难的问题，而更深层的原因则是制度设计。农业职业教育意味着只有很少一部分人在毕业后才可以进入城市，大部分学生还是要在土坷垃里刨饭吃。农技生在好多家长心目中意味着"土"，不洋气不风光，工作又不好找，哪有大学生体面？再加上没有政策引导，谁还愿意送孩子上农业中学？但事实上农业是根本，无农不稳，无农不商。《汉书·景帝纪》中记载景帝下诏："农，天下之本也，黄金珠玉，饥不可食，寒不可衣……其令郡国务劝农桑，益种树，可得衣食物。"中国的历史是农业史，曾经"重农抑商"，重科举轻科学，导致近代以来积贫积弱，文明殆湮。但任何一个行业的壮大都离不开农业支撑，没有了农业，中华文明就是无源之水、无根之树。没有了农业，就没有中国城市30多年的飞速发展，就没有"中国崛起"和"中国制造"。现在又从"重农抑商"转变到"重商弃农"，政策规定得都很好，但到了基层县乡一级的"最后一公里"，谁去执行、谁去指导、谁去监督，最后就不了了之。幸乎？灾乎？

2013年底，中央农村工作会议提出了"谁来种地"问题。要通过富裕农民、提高农民、扶持农民，让农业更有效益、让农业成为有奔头的产业、让农民成为体面的职业。问题解决了吗？没有。举个例子，位于关中平原地区的高陵县是古代重要的农业灌溉区域，"关中之地于天下三分之一，而人众不过什三，然量丰富，什居其六"。在西周时期就出现了小型的农田水利灌溉工程，战国、秦汉之后又修筑了大量的水利工程。灌溉条件便利，按理说种粮食成本要低，但现在一点儿也不低，物价上涨太快，而粮食价格就像买了垃圾股一样不涨反跌。现在农民种一亩小麦成本约1000元，秋种夏收，播种、浇地、除草、施肥、防虫、收割、晾晒，还有防止意外灾害。一切都做好了，一亩麦子产1200斤，只能卖800元，还赔了200元。在这种情况下谁还愿意种地？因此，大部分农民将土地承包给农业经营商，一亩地1200元，一次签20年合同。这些有资本的人都是中国城市化红利的分享者，圈地到了几近抢夺的地步，不断抬价圈地，栽植苗圃一年成型，三年成林，五年就可以出手了，农业成为取之不尽的"绿色银行"。

托马斯·莫尔爵士在《乌托邦》（*Utopia*，1516年）中提出了"理想城市"的模式，他在制度上保证了中世纪城镇居民对乡村生活的热爱和体育运动的爱好，规定农业是不论男女都要从事的业务之一，不能只去看农事活动，而是一有机会就要参加劳动。托马斯·莫尔的时代已经距离我们400多年了，那个时候，他就超前提出城市人要热爱乡村的观点，并设计了一套完美的制度来保障"乌托邦"实现。400多年后的今天，这个问题依然存在，城市人只是在消费农村或者通过圈地利用乡村赚钱，满足城市人的消费需求。乡村人则拼命想挤入城市"容器"，自然谈不上热爱乡村，更别说扎根乡村、改变乡村了。要真正让农民成为一个体面的职业，甚至吸引城市人到农村就业，单凭口号行不通，改变的关键在于顶层设计和政策在"最后一公里"的执行。我个人认为可以从这几个方面入手：

一、加强政策引导。农民是农业生产和农业生活的主体，要调动农民积极性，政府引导和激励是很重要的方面，这就要求各级政府不断完善政策和各项机制，引导农民重视农业，依靠科技、依托土地脱贫致富。中国传统封建乡村大都具有家长作风、封建势力、重农抑商的特点，现在处于旧的思想尚未完全消除，而新的文化观念又没有形成的过渡阶段，就像亨廷顿提出的"无所适从的国家"一样，由于外界变化太快，乡村转型尚未完成，同样处于"无所适从"的阶段，很容易受外界信息误导，从传统的"重农抑商"转向"重商轻农"，表现在年轻一代宁可打工也不愿意种地，农业学校门可罗雀，农村基础教育薄弱，公共文化设施落后，与农业有关的技能培训招生难，大量耕地被开发商强征，这些问题都不是农民所能解决的，只有靠各级政府的鼓励、引导和加大投入才能改善，农业如果不解决人的思想观念问题，农民种地就成了一句空话。

二、培养乡村建筑设计人才。随着城镇化的推进，很多地方让农民放下锄头"上楼"，城镇化政策没有错，但在基层执行起来就打了折扣。农之为农关键在一个"土"字，土地是农民的劳动对象，生产工具自然少不了，上了楼工具都没地方摆放，虽然住房城镇化了，但生活方式没有改变，只有按步骤推进，让一部分脱离农业的农民先放下劳动工具，完成"上楼"这一步才可以，一刀切只会引起群体性抵制。农村盖房子是需要引起重视的。农村人盖房子都是东家仿效西家。几百年前，西方城镇规划的原则之一就是在城镇中心设一个市场式广场，理想的尺度是400×600英尺，广场一端由教堂占据，其余三面都是封闭的，目的在于给乡村也要创造开阔的交流空间。现在，农村房子几乎没有美感可言，虽然技术和材料进步了，但是美感丧失了，传统的"家"的感觉消失了，房子的地域特色、色彩、规制成为标准化产品，全都被楼板、现浇和钢塑材料替代了，全国的乡村建筑越来越呈现标准化模样。有建筑师如此评价农村的房子："盖起来是垃圾，拆下来是建筑垃圾。"其实，"家"是心性的体现，"树顶形成的拱形树叶将两旁分散的住宅连在一起，这是人和大自然完美的统一"。任何一个村子都有它历史形成的渊薮，田畴、桥、路、林、农舍、敞院、溪、沟、渠都有历史信息，这些自然元素和乡村形成有机整体，民居点缀其间，这既是自然的恩赐，也是人改造自然的智慧，不能一股脑推倒重来。特别是古民居，更是建筑瑰宝，是多样化乡村文明的重要载体，一拆了之是对文明的残暴终结。传统民居是美的，它美在文化的多样性和地域差异性，走到一个乡村就是不一样的风景，这才是真正的农村。而不像城市到处都是高楼大厦，长得一模一样。如果乡村变成了城市的翻版，那将是中国乡村的悲剧。一些地方对乡村建筑价值的认识仅停留在旅游开发上，而对于其保存地域特色和地域文明认识不足，破坏的速度远远大于修葺保护的速度。所以，要在县乡两级成立专门机构，针对目前农房建设中存在的问题进一步完善村镇建设规划，培训乡村建筑设计、景观设计人才，合理引导乡土文化的回归，将农村建房纳入日常的建设管理范围内，对于带有地域色彩的乡土建筑要加大保护力度，政府要义务指导农民建设房屋、改造老屋。要从形式上首先完成一家一户盖房子过程中对传统建筑的继承与创新，传统民居也是文明，也是历史文化信号的重要载体，需要努力维持和传承下去。否则乡村文明就会死亡，很快进入博物馆，挂在墙上、写在书里、拍在照片里供后人学习。文明如斯，建筑如斯，乡舍如斯。

三、培养非物质文化遗产的传承者。非物质文化遗产(intangible cultural heritage)指被各群体、团体、有时为个人视为其文化遗产的各种实践、表演、表现形式、知识体系和技能及其有关的工具、实物、工艺品和文化场所。按照我国对非物质文化遗产的分类，包括民间文学、民间音乐、民间舞蹈、传统戏剧、曲艺、杂技与竞技、民间美术、传统手工技艺、传统医药、民俗等。随着经济全球化和中国城市化的发展，我国的非物质文化遗产的生存、保护、发展遇到了很多新问题，形势十分严峻。利用数字化手段保护非物质文化遗产已经成为非物质文化遗产保护工作的一项重要方式。比如：自1998年以来，陕西省先后公布了三批非物质文化遗产名单，这些非物质文化遗产大部分集中在县、乡、镇和村里，民间艺人年龄老化、后继乏人。这些老手艺人既是手工业者，同时也是非物质文化遗产的继承和创新者，仅仅依靠保护不能解决传承和创新发展的问题，关键在于要加大培养接班人力度，拓展民间艺术的经济空间，让民间手艺成为受尊重的职业，吸引一大批年轻人自觉自愿加入传承非物质文化遗产的队伍中来。

四、培养乡村创意人才。美国作家伊丽莎白·科瑞特研究了纽约的文化创意产业现状后，认为创意是一种真正让纽约独步全球的城市竞争力。她在《创意城市》一书中总结："在过去的150年间里，纽约的创意景象经历了全球聚焦、重新聚焦、改革振兴这一系列回环演变。艺术和文化产业为纽约提供了就业，增加了税收，带来了实际的经济效益，更重要的是一种理念：文化艺术在增加纽约的活力方面与金融、法律和大企业相比毫不逊色。2004年，纽约与文化艺术有关的地铁广告是其他城市的4倍。"不仅仅是纽约，实际上文化创意已经成为推动全球经济发展的重要力量，社会正在走向以创意为动力的经济发展新阶段，全球范围内创意产业的迅速发展大大改变了世界的面貌。城市之间的竞争核心是文化的竞争，乡村之间的竞争同样与文化创意紧密相连，创意农业就是一种新型竞争模式。乡土中国的农业生产具有低效、粗放、低价等特征，农业生产的单位产值低、成本高，"城乡二元经济结构"明显。创意农业规避传统农业的弊端，具有高融合性、高文化度、高附加值、高集群化和效益综合化等特征，为农业和农村的发展开辟了全新的空间。创意农业思维衍生出特色农业、景观农业、科技农业、都市农业等新型产业形态，满足了城市人的"闲愁"心理，城市人都想到乡下寻找放松的地方，这是具有经济效益和社会效益的，因此吸引了大量闲散资本进入。创意让传统农业实现升级换代，带动了乡村旅游和现代设施农业的发展，实现了农民离土不离乡，就地就业。创意、时尚、休闲、生态已经成为新型农业的特色标签。创意农业前景广阔，这就需要大量热爱乡村、了解乡村，愿意献身乡村经济的创意人才加盟，还需要大量懂乡村旅游规划、住宅设计、景观设计、农业栽培养殖、农产品设计营销和运营开发等的各类人才。诺贝尔文学奖获得者莫言说："故乡是作家摆脱不了的存在，作家用文学的方式拓展故乡，是对故乡的一种超越。"当前，乡村经济只有升级换代才有发展空间，这就需要更多的有识之士关注乡村，通过政策引导、资金扶持和项目资助等多种方式培养乡村创意人才。

第六章　乡村创意实践

1. 乡愁的冲动

　　八月的阳光炙烤着大地，虽然已是下午四点，但依然骄阳似火，一丝风也没有，空气似乎凝滞了，树耷拉着"脑袋"无精打采兀立在那里，树叶打着卷，干枯得像要燃烧，蝉似乎也被烘烤得精疲力竭，藏在叶下也懒得鼓噪了。凌风晒得黝黑，戴着草帽子，开着陆虎车冲上近乎40度的河道壕沟，又迅速俯冲下去，汽车引擎轰鸣，底盘与地面摩擦发出刺耳的声音，路面扬起的尘土将我们湮没在广渺的大地……我紧紧抓住车窗旁的手柄，暗自嘀咕，这兄弟疯了！

　　这是一个理想得近乎疯狂的想法。

　　要在4.6公里的废弃河道两边恢复关中古老乡村的景观，这的确是个疯狂的想法。我们的车就在河道工地来回穿梭，太阳毒辣但也抵不过凌风的炽热，他兴奋地向我介绍未来愿景，以巍巍秦岭为幕布，要让沙河这条干涸的河床成为幕布上最绚丽的景色，但是看着垃圾如山、污水恣肆的河床，我不置可否。突然想起加缪笔下的西西弗，他主宰着自己的命运，愉快地唱着歌儿，快乐地日复一日、年复一年地滚着石头。

　　一年半后，理想主义开花结果。

　　沙河位于西安周至县城南，一期工程——沙·沙河中国第一水街全长2.1公里，河道改造及景观建设已基本完成，昔日荒芜的河道消失了，取而代之的是鳞次栉比的关中古老建筑，茅店小舍、瓦缸磨盘、楼车簸箕、斗笠蓑衣神奇般组合成古老乡村意象，置身其中恍若隔世。人就是很奇怪，当贫穷苦难突然变成可以近距离欣赏的生活场景时，就会产生化学反应，似乎激发了人的乡愁意识,让人五味杂陈。节假日,游人纷沓而至,摩肩接踵,高峰期每天人流量10万人次,车流量3万次,一个卖肉夹馍的小摊点日营业额高达2万元。昔日荒芜之地突然人声鼎沸,以致周围交通瘫痪。这不得不说是一个奇迹。

张贤亮说他出售的就是荒凉。

凌风呢? 出售的却是乡愁。

是的。他触摸到了这个时代的脉搏,并抓住了机会。波澜壮阔的城镇化让"捆绑在土地上的中国"将变成城市中国、工业中国,今天的中国,虽然农民还超过总人数的60%,但农业在国民生产总值中的比例已远远落后于工业,再过10年、20年或者30年,农村会不会消失? 那承载中国人乡愁的文化景观,一如"青草池塘处处蛙""绿树村边合,青山郭外斜""雨里鸡鸣一两家"早已经成为唐诗宋词里的文化景观,自然的神性和人性都让位于工业化的乡村。

20世纪20年代,晏阳初先生在河北定县研究,进行乡村教育实践,以乡土文化来实现对人的塑造、改造。30年代,梁漱溟先生发起乡村建设运动,由最初山东邹平的一个实验县扩大到菏泽、济宁等鲁西南14个县,成为北方地区三大乡村建设中心之一。40年代,费孝通先生在江苏农村调研,有了脍炙人口的《江村经济》《禄村农田》调查报告,这些观察又汇成融通东西方文化的《乡土中国》。他们都是具有人文情怀的学者,理想化地践行着乡村实践,思考着乡村的未来。那个时候,乡村就是中国,中国就是乡村,社会政局动荡,经济极度虚弱,即使城市也要完全依赖乡村供给,属于典型意义上的乡土中国,逃离乡村就意味着逃离苦难。今天却大相径庭,城市创造了文明,提供了充盈的消费品,丰富了文化生活,扩大了社会交往,让中国制造参与全球化竞争,但同时也造就了许多麻烦,污染、食品安全、雾霾、社会治安、文明异化等等。相对来说,乡村保持了淳朴和生态平衡,虽然这种淳朴和生态平衡正在被打破,但这不是乡村的过错,而是城乡二元结构造成的后遗症,工业园区向乡村的拓展,理论上迫使大量务工人员(技术工人)向乡村流动,这种现象在珠江三角洲、长江三角洲已经很普遍。城中村的拆迁改造导致原来以村为单元

第六章 乡村创意实践 209

三分春色，七分乡愁

的乡村结构演变为城市社区，大量农村剩余劳动力到城市打工，一年半载回不了几次老家，故乡也离他们越来越远，于是，乡村开始由传统的熟人社会向"半熟人社会"甚至陌生人社会过渡，这也是城镇化所必须付出的代价。乡村结构虽然变化了，但环境变化会相对缓慢些。因此，优美的自然环境和新鲜的空气成为乡村的核心竞争力，吸引了大量城市中产阶级开始新一轮的"上山下乡"运动，他们私下和村委会、农民签订协议，租赁或置换房子，承包耕地发展休闲农庄、栽培养殖等行业，这种多元化的乡村活动正在改变着乡村的旧有面貌，而且吸引越来越多的城市环保人士加入。如果晏阳初、梁漱溟和费孝通先生能看到今日中国农村如此丰富的变化，一定会万分欣慰，中国的乡村实践者英才辈出，乡村实践蔚然成风。

茅舍小店

再回头看乡村实践的发展脉络，20世纪20、30年代，晏阳初、梁漱溟先生倡导的乡村实践活动重在启智，目的是唤醒民众参与社会改革；80年代，以华西村、南街村、袁家村等为代表的乡村崛起，则是在乡村能人领导下的乡村工业经济运动，重在物质利益；而近年来的乡村实践活动，则是以文化创意重塑乡村生态，从启智到发展经济再到文化化人，中国乡村实践经历了近百年的历程，每次都是对既有实践活动的继承和再升华。

真正的乡村实践比理论更丰富、更发人深省，即便是沙河这样一个商业旅游项目也包含着对农村、农民和农业的深度思考，它的贡献在于营造了开阔宏大的乡村公共空间，这空间还不同于体育场和公园，而是横跨时空的乡愁空间，是中国农村历史的缩影，那些看似简陋残破的茅屋小舍就是一栋栋生态博物馆，还原了北方乡村的固有形态，通过复原乡村场景，让人目之所观、触手可及处，全都弥漫在淡淡乡愁中。实践者从部队转业，他有着军人的理想主义情结，但实践过程中真正能理解他的人并不多。因此，在项目起步阶段，他遇到的非议和外界压力非常多，值得庆幸的是项目没有走偏，最终赢得地方政府、专家的一致肯定，社会各界好评如潮，参观者络绎不绝。虽然目前项目还在游客培育期，没有进入盈利阶段，但它的社会意义和乡土价值早已经超越了项目本身。

这就引申出一个问题，在鼓噪的互联网时代，如何挖掘农村文化价值，重塑乡村风貌？城市问题研究日新月异，而研究乡村似乎不是时髦事情。中国诞生于乡土之上，农村为中国的现代化提供了动力源泉，也为中国崛起提供了市场条件和人力资本，大量廉价高素质的劳动力成就了中国产品在全球化竞争中脱颖而出，同时也支撑着城市日夜不停歇地运转。中国来于乡土，正在经历工业中国和市场中国，这是一个漫长的历史进程，因此研究变迁中的农村就更有价值。许多社会问题之所以悬而未决，一个很重要的因素就是缺乏对农村的人文关怀，农村建筑成为城市建筑的翻版，公共空间的消失让农村失去赖以存在的交流基础，很多传统习俗的消亡让农村文化出现断档，既没有很好的继承传统，又和城市接不了轨，就像亨廷顿常用"无所适从"来评价一个国家的迷惘一样，乡村似乎进入"无所适从"阶段。

理解农民所思所想，农民依靠什么，发展什么，为了什么，对研究中国农村问题至关重要。试想连农民也在自觉不自觉进入乡愁思维，对老房子、农具、碾盘、磨子、拴马桩，甚至建筑构件表现出浓厚兴趣，说明了什么？正如费孝通先生所言："千百年来乡土社会孕育的这种感觉，就是一个'土'字，土是生命之本，是文化再造和复兴的基础。""土"贯穿了中国农村的发展轨迹，虽然中国社会已进入"以代际分工为基础的全球化时代"，每个国家甚至每个人都不可避免地被裹挟着带到一个以世界为范畴的多维度交换空间，一个遥远小山村的青年可能就是苹果手机某个零部件的焊接工，也可能是三星生产线上的一个工人，农民使用的种子、化肥、农业机械来自全国各地，有的甚至来自国外。但是骨子里的乡愁却一直萦绕，挥之不去。"我从哪里来，到哪里去"的思考构成文化意义上的乡愁，乡村千百年来形成的包括正在变化的乡村景观、人际交往、公共空间、文化习俗、宗族关系和乡土建筑等则构成了可以让每个人触摸得到的物质意义上的乡愁，正如一个有着乡村经历的朋友感慨："乡村是再也回不去的童年记忆。"

改造乡村绝不是开历史倒车，回到穷苦凋敝的乡土中国，而是在工业中国阶段，学会如何充分挖掘乡村文化资源，让创意之光照亮乡村前行之路，让文化成为乡村的指路明灯，实现乡村的健康、富裕、文明、和谐发展。从这个意义上来说，沙河项目具有实践探索示范精神，体现了对农村的深度思考和人文关怀，实践者在无意中探索出一条将乡村文化和现代创意业结合的路径，虽然这中间包含着商业目的，虽然在和当地村民打交道过程中也碰到许多棘手事情，拆迁过程中遭遇种种难题，和地方政府打交道过程中也有许多无奈，但这些都是前进路上不可少的磨砺，砥砺本来就是人生的本质意义，英雄本色的价值不在于成功后掌声有多热烈，而在于过程中的坚韧和淡定。

看看那些曾经创造传奇和正在创造奇迹的乡村实践者，吴仁宝在华中大地带领农民艰苦卓绝地奋斗，最后成就了华西村；张贤亮以"出售荒凉"著称，在沙漠里构造了西部影视帝国；河南南街村依靠工业带动乡村转型；宁波滕头村则以生态文明赢得尊重；浙江横店起步于水泥制造，蜚声海外于影视；陕西袁家村也是起家于工业，最后转型于文化。成功一定有规律可循，凡是成功转型的乡村既有精英（能人）主导改造的内部因素，也有地理条件、时代机遇和外围政策等外部因素，"事之难易，不在大小，务在知时"。时也，势也。这"势"就是2013年底召开的中央城镇化工作会议精神要求，就是"乡愁"的呼唤与牵引。

中国的乡村正在经历一场变革，乡村必须建立一种新的秩序，以适应世界城市化的潮流，让人们诗意地栖息在大自然怀抱里，感悟日月交替、风雨晨昏、乡村永恒。

老宅有着生活的温度

2. 一所属于乡村的房子

我不是建筑师，但一直有种冲动，在乡下盖一所真正属于乡村的房子，不仅为了居住，更是为了承载乡愁。

这个想法从萌生的那一天起就和高尚卑微都没有任何关系，看着日益城市化的乡村，我就有着隐隐的痛感，曾经熟悉的田垄井畔、风土人情、宗族关系、土坯瓦房都在快速消失，那云雀的欢鸣、袅袅的炊烟、野性的空气都渐渐成为遥远的回忆，取而代之的是新型商业关系，乡村尚未发育好强有力的承受力就被裹挟着推进一个新时代。

一所真正属于乡村的房子，需要怎样的温度和情感？

这让我想起勒·柯布西耶，大师认为"住宅是居住的机器"。这种技术至上的现代主义思想催生了大量的工业建筑，批量化的生产让居住丧失独特体验，人们开始习惯并依赖待在方形的、长方形的水泥盒子感受时光流逝、四季交替，而诗意的栖息却越来越远。

一个古老的文明国度该如何审视自身独特的建筑遗产、居住精神和空间概念？既不夜郎自大，固步自封，也不盲目仿效，一切推倒重来，是否应该认真思考一个问题——在现代性语境下，如何对待我们的文化和我们的遗产，而不是别人的文化和别人的遗产？如何在文化传统中汲取养分，而后去伪存真，而后创新继承？这样的建筑既保留了传统因子，又不失当代人的思考。

中国社会诞生于乡土之上，而不是工商贸易之上，乡村建筑承载了中国人的宇宙观、文化理念和道德情感。因之，一切乡村改革和实验都不能回避和忽视乡村建筑。在传统意义上，中国人的家是有温度和情感的，在乡土中国，家不仅是房屋和建筑材料的堆砌组合，更是寄托了人的情感、信仰，表达着家庭结构、伦理关系、宗族观念，甚至还有邻里关系。正如赖特所言："建筑的意义不是屋顶和墙壁,而是人们生活于其中的空间。"30多年来,中国乡村发生了翻天覆地的变化,让我们欣喜地看到,沿袭上千年的农业税被取消,乡村的社会结构发生变化,农民素质提高,价值观发生变化。但是,还得看到,如同城市一样,在农村人和人交往也正变得商业化,曾承载乡村情感的传统建筑快速消亡,而新的建筑形态尚在摸索实践之中,这个进程中的迷惘兴奋甚至逃离思想,或许正如保罗·里可所说:"我们处在一条隧道中,一头是古老文明教条主义的黄昏,而另一头是参与普世文明对话的拂晓。"于是,在无法感知未来方向的时候,乡愁就成为现代中国人的普遍宗教。这,注定几代人都将承受与乡土中国的裂崩、选择甚至诀别的痉挛。

父辈们曾含辛茹苦地盖房子,甚至耗尽毕生积蓄,无论是茅舍小院还是华檐高屋,都蕴藏着中国人的居住哲学,房子不仅用来遮风避雨,更表达着家庭秩序、邻里关系,也是温度和尊严生活的象征。因此,梁檩榫卯、回廊抄手、青砖灰瓦里都渗透着思想和精血。现在,盖房从手工活演变为工业标准化产品,虽然技术、材料都大大改进了,但房子的思想和温度却成为奢侈品,再也感受不到祖先的味道和那深根于土地之上的依恋。

要盖一所既有传统建筑的规制之美,体现乡村生活态度,同时又有现代思考、舒适宜居,还造价低廉(这一点很重要)的房子不是那么容易,这样的房子有情感度、地域特

新型关中民居（邵振宇绘）

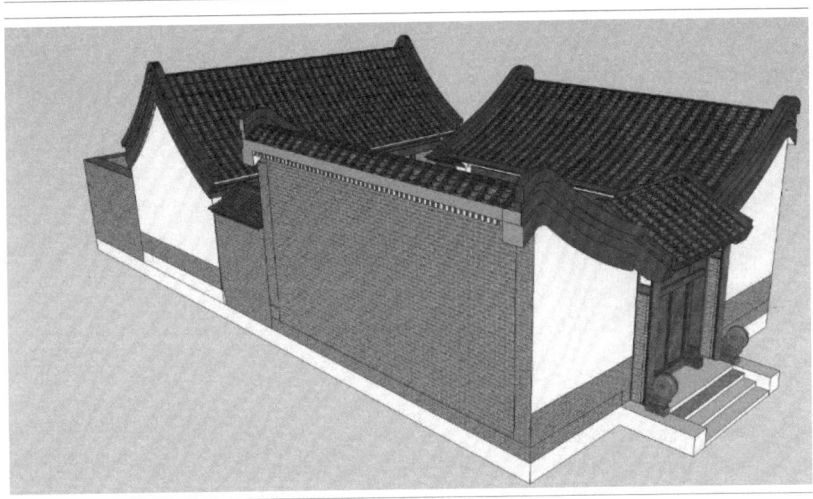

新型关中民居效果图（邵振宇制作）

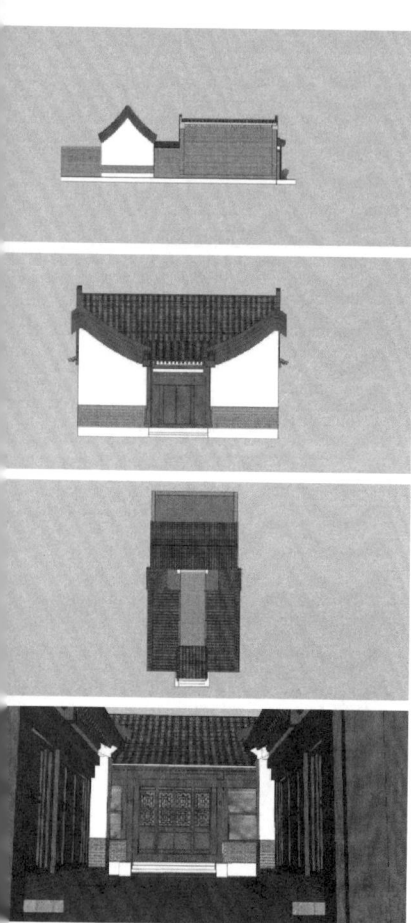

新型关中民居效果图

征和传统元素，同时还要适合乡村，不张扬，还原乡村生活的本质，它才真正属于乡村。

简朴有时比奢华更具有挑战性。

意识到这是一次乡村实验，不能有闪失，于是我找建筑师朋友沟通交流，并和他回老家踏勘，一起研究老态龙钟的老宅院。老宅院宽10米、长约30米，前房后院形制，土坯、木料和砖混结构，虽历经40多年风雨摧敲侵蚀，但依然屹立，让人感慨建筑是有生命力的，它其实和我们一直对话着，并努力地维护最后的一丝尊严。几经探讨，朋友拿出三套方案：一是不改变宅院形制，沿着土坯墙，外飘一层保护砖，这样对墙体能起到加固支撑作用，既保留了家族历史，同时结构上也有了安全保障，房屋不至于垮塌；二是给土坯墙体内加入固化剂，修旧如旧，既稳定了墙体，同时外观上也不会有大的改变；三是拆掉老房子，保留可用的砖瓦、檩、椽、门、窗，在原地基上按照原样进行复建。三套方案各有特点，造价差异较大，其中第三种方案造价最低，施工最简单。最后，考虑到居住和造价两方面的因素，决定按第三种方案执行。虽然做了这样的决定，但还是心有不甘，如果真是在风雨摧敲之下老房子垮塌了，那也是天意而非人力所能控制，那也就没有什么遗憾了。而真要亲自拆就多少有些留恋，因为拆掉的不仅是房子，更是儿时的记忆。但不管怎么样，这样的房子屹立在塬畔，和树木、田地，还有川流不息的河流相互照应了40多年，彼此熟稔，拆掉也是为了新生，这，或许是唯一能说服自己的理由吧。

图纸已经画好，施工图也完成了。

明年春暖花开，动工。

我在想，房子一旦盖好，那归巢的燕子还能找到家吗？

后记

我生于农村，长于农村，却从来没有写过农村。因此，一直以来都有想法，尽快写写熟悉的乡村，记录下那些正在消失的村落、田畴、建筑、民间习俗，以及篱笆、土墙内的小院人生，厘清乡村在变革时代的迷惘、奋起和经济走向，并尝试以全局的眼光，审视、分析中国城镇化过程中的乡村变革，并努力展示出具有内在脉络和大致走向的发展图景。

毋庸置疑，今日农村之复杂程度已远远超越往昔，一些古老而极具社会价值的乡村文化、自然风貌，已经在短短30多年的市场化进程中以史无前例的速度加速消亡，乡村经济结构也在不断调整自身的发展模式，从乡土型向工业型和城市型快速过渡，新型城镇化正在重塑乡村结构和乡村风貌。在这样的时代背景下，"美丽乡村"与"文化创意"的融合，正在被越来越多的有识之士关注或实践，并有可能发展成为一门新的学科。

工作之余，我有幸参与了一些朋友做的乡村实践项目。这些实践项目都具有实验和探索性质，在实践过程中，我们惊喜地发现文化创意业和乡村不仅有结合的契机，而且能有效地推动乡村的转型发展和错位发展，实现乡村生态美、建筑美、产业美，其重要程度已不亚于经济发展。但现实中有关这方面的理论和实践总结却较少，于是就形成了一些随感，在写作过程中，我自觉器格简陋、才智单薄，就多方查阅资料，向朋友求证，有些想法是和邵振宇、齐凌风等朋友讨论的成果。他们都是既有一定的理论素养，又有乡村实践经验的探索者，他们质朴而又有理想，对乡村都有着深厚情感和深刻思考，是他们的实践活动丰富了我对乡村的理解，也促成了本书的顺利完成。如果此书的出版能对那些正在默默从事乡村实践的朋友以启迪，那将让我倍感欣慰。

书中的一些内容和观点或许还存在不到之处。在此，我也真诚地希望敬爱的读者能够提出宝贵建议，我将非常感谢！在本书写作过程中，部分数据来自互联网，我已尽量避免非有意地引用，并予以最大限度核实修订，但多少难免有所疏忽。若由于仓促和不严谨，引用了却未明确标注，在此深表感谢并致以诚挚的歉意！

这些年来，我的研究写作都与我所工作的西安曲江新区管委会关系甚多,没有宽松的工作环境和让我参与社会实践的机会,就不会有系列书籍的出版。

感谢马清运教授为本书作序,他严谨的治学态度,丰富的实践探索都让我仰慕不已。感谢卞康顺先生,他既是兄长,亦为挚友,多年来每当我遇到困难和挫折的时候,他总是给予无私帮助,他的慈悲心怀、道德勇气和坚强自信一直鼓舞着我前行!感谢邵振宇先生对部分章节的修订,同时还提供了大量古民居照片,多年前,他在关中渭北地区做文物普调工作,拍摄了大量珍贵的古民居照片。今天这些民居大多已经坍塌、拆除或是改造,有些建筑甚至被拆解后流落他乡,让人痛心。还要感谢张信立先生、宁鹏程先生提供了许多有特色的乡村照片,丰富了本书的内容。感谢本书责任编辑陈红女士的认真编校,李默凡先生、宋维女士的装帧设计,吴可记先生、黄平安先生、孔德宁先生的核校,没有他们的协作,本书也难以如期出版。

2015年2月15日

参考文献

1. 梁思成：《中国建筑史》，三联书店，2011年1月版。
2. 梁思成：《中国雕塑史》，百花文艺出版社，2006年6月版。
3. 张小林、杨山：《乡村规划：理想与行动》，南京师范大学出版社，2009年1月版。
4. 李小云等：《乡村文化与新农村建设》，社会科学文献出版社，2008年1月版。
5. 王卫星：《美丽乡村建设：现状与对策》，《新华文摘》，2014年第12期。
6. 杨菊花、何炤华：《社会转型过程中家庭的变迁与延续》，《人口研究》，2014年第2期。
7. 朱晓明等：《寻找唐家湾》，同济大学出版社，2006年4月版。
8. [法]勒·柯布西耶著，金秋野等译：《光辉城市》，中国建筑工业出版社，2011年4月版。
9. 贺雪峰：《新乡土中国》，北京大学出版社，2013年9月版。
10. [英]埃比尼泽·霍华德著，金经元译：《明日的田园城市》，商务印书馆，2010年10月版。
11. [美]约翰·里德著，郝笑丛译：《城市》，清华大学出版社，2010年版。
12. [美]蕾切尔·卡森著，吕瑞兰等译：《寂静的春天》，上海译文出版社，2011年版。
13. [美]伊莉莎白·科德瑞著，陆香等译：《创意城市》，中信出版社，2010年9月版。
14. [美]刘易斯·芒福德著，宋俊岭等译：《城市发展史》，中国建筑工业出版社，2005年2月版。
15. [英]Paul.Barker著，岳海玮译：《郊区的自由》，电子工业出版社，2012年10月版。
16. 梁鸿：《中国在梁庄》，江苏人民出版社，2010年11月版。
17. [美]明恩溥：《中国的乡村生活》，电子工业出版社，2012年6月版。
18. 王宁宇：《关中民间器具与农民生活》，学苑出版社，2010年5月版。
19. 楼西庆、成砚：《乡土游》，清华大学出版社，2006年1月版。
20. 费孝通：《乡土中国》，江苏文艺出版社，2007年4月版。
21. [英]雷蒙·威廉斯著，韩子满等译：《乡村与城市》，商务印书馆，2014年版。
22. 景军：《神堂记忆：一个中国乡村的历史、权力与道德》，福建教育出版社，2013年版。

创意如何引导乡村保持健康、
绿色、生态和生机勃勃

创意乡村

图书在版编目（CIP）数据

创意乡村 / 何建超著. — 北京：
人民日报出版社，2015.3
ISBN 978-7-5115-3082-0

Ⅰ.①创… Ⅱ.①何… Ⅲ.①城乡建设－研究－中国
Ⅳ.①F299.21

中国版本图书馆CIP数据核字（2015）第042685号

书　　名：	创意乡村
作　　者：	何建超
出 版 人：	董　伟
责任编辑：	陈　红
装帧设计：	李默凡　宋　维
出版发行：	人民日报出版社
社　　址：	北京金台西路2号
邮政编码：	100733
发行热线：	(010) 65369527　65369846　65369509　65369510
邮购热线：	(010) 65369530　65363527
编辑热线：	(010) 65369844
网　　址：	www.peopledailypress.com
经　　销：	新华书店
印　　刷：	北京鑫瑞兴印刷有限公司
开　　本：	710mm×1000mm　1/16
字　　数：	180千字
印　　张：	15.5
印　　次：	2015年4月第1版　2015年4月第1次印刷
书　　号：	ISBN978-7-5115-3082-0
定　　价：	36.00元